福島大学ブックレット『21世紀の市民講座』No.2

自治体政策研究ノート

今井　照

公人の友社

はじめに

自治体職員を辞し、大学に勤務し始めてから早くも一〇年目を迎えている。私が大学で担当している講義科目は「公共政策論」という。講義内容は毎年が「新作」である。たとえば、就任一年目の一九九九年度は、一九九〇年代後半を貫いた分権改革の総仕上げの時期と重なり、分権一括法の国会審議をインターネット中継で見つつ、それをアレンジしながら教壇に向かうという状態だった。

公共政策「学」という学問は必ずしも体系的に成熟しているわけではない。ただし、分解してみれば「政策過程」「政策主体」「政策課題」という三要素に分かれる。環境、福祉、産業など、無数に存在する政策課題には、個別の学問があり、大学の授業もそれに対応している。したがって、公共政策論という講義科目で取り扱われるのは、「多様な政策主体が織り成す政策過程」ということになる。

講義を通じて私が伝えたいことを、思いっきりわかりやすくいえば、この社会でみんながひとりひとり幸せに暮らすためにはどうしたらよいかということである。ある意味では、ありとあらゆる学問がそのことを目的にしているともいえるが、私の場合は、それを自治体の政治・行政というフィールドを通じて考えてみようということだ。

毎年の講義内容は一変するが、大きくは変わらない部分もわずかにある。既に講義ノートとして『新自治体の政策形成』（学陽書房、二〇〇一年）を公刊しているが、それは大きくは変わらない部分を書いたものである。それに対して本書は、数々の事例が次々と登場することになる。一般的な講義であれば、これらの事例は、そのときどきの講義の導入部分として話すべきことなのかもしれないが、公共政策論という科目の特性は、むしろこれらの事例の中に「多様な政策主体が織り成す政策過程」を読み取るというところにある。なぜなら、社会に日々生起し、私たちが直面しているのはこのような事件そのものであって、決して整序的な理屈の世界ではないからである。したがって、本書は自治体の政治・行政に関心を持つ方々への「おもしろい読み物」としての価値もあるのではないかと思う。

もちろん、私たちは「事例研究ばかりで理論軽視」という批判にも応えなければならない。つまり、これらの現実に対し、一定の政策規範に基づき、何をどうすべきかを考察することが求められる。そこで、本書では5つのテーマを立てて事例をまとめ、それぞれの物語を読みつつ論点整理ができるように工夫している。第1章は「役所の仕事と市民との関係」とし、本書の導入部として、卑近な事例から行政と市民との関係を考えようとした。第2章は「公共サービス改革と『公務員』制度」とし、人口減少・高齢者増をむかえる地域社会に対応して、これからどのように自治体行政と自治体職員制度を再構築していったらよいかを問題提起している。第3章は「自治体の責任」とした。ここでは、主として政策法務の視点から、自治体と国（あるいは、市町村と都道府県）の関係や財政問題を扱っている。第4章は「市町村合併と道州制」と題して、「平成の大合併」の諸相を論じている。第5章は「人材育成と任用」とし、閉塞感の漂う自治体行政職員のこれからを考えた。

学生・院生、研究者はもちろんのこと、自治体職員、自治体政治家（議員・首長）、地域で市民活動を担っている方々、さらに一般化してしまえば、主権者としての「市民」のみなさんに広く読んでいただき、何かを変えるきっかけになれたらと思っている。

本書の大部分は、自治体向け月刊誌『ガバナンス』（ぎょうせい）に連載している「市民の常識VS役所のジョウシキ」から抜き出している。現時点での情報に基づいて加筆をしている箇所もあるが、場合によっては、あえて連載当時のままにしてあるところもある。連載はいまも続いているが、このような機会を与えてくださり、また毎月、的確なアドバイスをいただいている千葉茂明編集長にまずはお礼を申し上げたい。

また、本書を含む福島大学ブックレット「21世紀の市民講座」は、福島大学行政社会学部創設20周年事業として公人の友社から刊行される。偶然ではあるが、公人の友社の武内英晴社長は、かつて、私が自治体職員として拙い文章を初めて発表する場となった月刊誌『地方自治ジャーナル』を主宰されていた。ある意味で、私がこのような遍歴をたどることになる直接的要因を作った責任者ともいえる。その期待に応えられているとは思えないが、改めて感謝を申し上げたい。

さらに、原稿を精読し、数多くの参考意見を寄せてくださった「編集委員会」のみなさまのおかげで、いくらかでも読みやすくなったと思う。お礼を申し上げる。

〔目　次〕

Ⅰ　役所の仕事と市民との関係

1　役所のルールがもつ意味

■「言い訳看板」が向いている先

近所の児童公園の入り口に、手書きで「この公園の利用時間は夜九時までといたします」という公園管理事務所の看板が貼ってある。私の経験から想像すると、たぶん、近隣の住民から、深夜の公園利用者に関する苦情があったのだろう。

そのつもりで公園内を見渡すと、あちらこちらに看板が掲げられている。「キャッチボール禁止」「犬の散歩禁止」「静かに」等々。これらの看板を私は密かに「言い訳看板」と名づけている。本気ではないのである。おそらく看板を掲げれば役所（職員）としては一件落着となり、たとえば、夜九時以降に公園を利用している人たちに対して、役所（職員）が直接、警告をする気もないのではないか。つまり、利用者に対してではなく、苦情者に対し「私たちはこのように対応しました」という一種の「説明責任」を果たそうとしているだけなのだ。

だから、利用者に対する「説明責任」としてはあまりに不十分となる。たとえば、この掲示だけでは、朝は何時から利用できるのかがわからない。午前〇時から利用できるということでよいのか。そもそもなぜ夜九時までなのか。違反するとどのようなことが起こるのか。

一般に「公の施設」（地方自治法第二四四条）の利用時間は条例で定められる。確かに公園という「公の施設」の利用時間を定めた条例を見たことはない。たぶん、二四時間利用が前提となっているからだろう。だが、もしこの看板のように利用時間を制限するのであれば、条例で根拠規定を設けて、少なくとも告示をする必要があるのではないか。この手書きの看板からは、そのような手続きを取っているとは感じられない。自治体の行政は市民との約束事に基づいて動いているのであって、職員が一方的に貼紙をするだけでは足りないこともあるのだ。

■腑に落ちないこと

私的な事情があって、毎年一回、役所に更新手続きをしなければならないことがある。更新時期が近づくと県庁から手紙が届いて、これこれの書類を持って、地域ごとの出先機関へ提出するように、と連絡してくれる。

しかし腑に落ちないこともある。そのひとつに、更新申請の受付期間と時間がある。通知によれば、七月一四日から九月三〇日までで、受付時間は午前一〇時から午後三時までとなっている。

受付期間はかなり長い。しかしなぜ午前一〇時から午後三時までなのだろうか。受付のできる職員がその時間帯にしか勤務していないのだろうか。あるいはふだんの執務場所とは違って、毎日、特定の場所にその時間帯だけ窓口を開設しているのだろうか。そのいずれでもない。

もしこのように限られた時間の指定がなければ、自分の出勤時間や退勤時間をやりくりして手続きすることは私にとってそれほど難しくはない。でも自分の勤務時間のど真ん中に時間指定をされると、勤務場所と提出場所が離れているので、少なくとも半日以上はこの手続きのために時間を割かなければならなくなる。

■ウェブで例規集を調べる

そもそも午前一〇時から午後三時までという時間指定ができるのであろうか。そこで私は県庁のホームページから例規集を検索してみた。福島県庁の執務時間を定める規則に「県の執務時間は（中略）休日を除き、午前八時三十分から午後五時三十分までとする」と書いてある。

ちなみに執務時間というのは開庁時間のことで、職員の勤務時間そのものを意味するわけではない。たとえば、東京都の執務時間規則では「午前八時三十分から午後五時まで」が執務時間であるが、職員の勤務時間の幅はもっと長い。執務時間というのは、少なくともこの時間帯は役所の窓口をあけておきます、という意味である。念のため、出先機関の設置条例をみたが、この出先機関についての例外規定もなさそうだ。

時間の指定をして、窓口取扱時間を制限する職員や役所の気持ちもわからないでもない。さまざまな仕事をしているところに、ぱらぱらと申請が来るのではたまらないであろう。それに、このように業務ごとに受付時間を制限することがただちにルール違反とまで断定することはできないかもしれない。しかし、規則に基づいて執務時間が決められている以上、もし例外を設けるのであれば、それなりに重い決定が必要のはずだ（ちなみに、福島県庁の執務時間規則には例外規定が存在しない）。

■添付書類は厳選されているか

この手続きの申請に要する添付書類にも疑問がある。誰もが所得の証明を出すことになっている。これは低所得者にとっては、一部負担金が減免されるからにちがいない。しかし、私程度の所得では、その減免措置の基準まで、はるかに届かないので、提出する意味はない。にもかかわらず所得の証明の添付が義務付けられているのである。この証明を官公署から取るのも、けっこう時間と手間を要する（税務署や社会保険事務所にも行かなければならない場合がある）。

住民票の写しの添付も求められている。住基ネットが整備されて以来、一定の手続きをとれば、県庁が住所確認をすることは不可能ではないはずだが、好意的に考えると、安易に住基ネットを使うべきではないという哲学があるのだろう。

こんなことをうじうじ考えているうちに、結局、提出期限に近づいてしまったので、私は意を決し、拒否されるのを覚悟して、受付時間外ではあったが、朝八時半過ぎに指定された出先機関に出向いた。驚いたことに、窓口には同じ用件の先客がいたが、他の職員の方がすぐに窓口に出てきてくれて申請することができた。申請書類を確認するだけだったので、五分もかからなかったと思う。さらに、この程度の書類であれば郵送でもかまわないですよ、と職員の方はいってくださった。
しかし、このように親切に対応してもらうと、逆に また腑に落ちないのは、当初の時間指定がいったい何のためだったのか、ということである。役所からきた通知を正直に守っている人たちのほうが絶対に多いにちがいない。どの程度までが郵送申請でも可能で、どこからが窓口申請でなければならないかということも、通知から判断することはできない(そもそも郵送申請の可能性については触れられていない)。

臨機応変に対応することは大切なことだが、役所側がルールを厳格にしておいて、その運用をルーズにすると、役所(職員)が必要以上の裁量権をもつことになり、それだけ市民の権利が侵害されることになりはしないか。

2 市民活動と地縁団体の葛藤

■ある市民活動の悩み

中部地方にある人口10万人を超える町で、市民活動ネットワークの勉強会に参加させていただいた。さまざまな分野で活動している方々や自治体職員、議員など四〇人以上の集まりで、夜遅くまで楽しい議論が続いた。事前に次のような主旨の質問をいただいた。

「住民、住民グループが行政に要望、提言、相談するときに対応する担当係があり機能している、そんな自治体があれば、どのようにしてできたかなどお聞きしたい」

最初、私はこの質問の意味がよく理解できなかった。個々の市民の要望や相談であれば、どこの役所にも公聴機能はあるだろうし、いまでは多くの役所で市民活動担当のセクションがある。現にその町の役所にも「市民協働課」という課がある。しかし、次の「理由」を読んで、この質問をされた方の悩みが浮かび上がってきた。

「〈理由〉当地では行政に要望、提言しようとしても『自治会に話してあるか』『自治会をとおしたほうがいいですよ』との対応です。自治会をとおして話しても、環境問題など、なかなか意が通じないのが現状です。合併して大きくなり、能率優先で、自治会の要望も連合自治会でまとめて提出するよう指導している現状ではやむを得ないこともあると思いますが、何とかして行政を身近なものにしたいです」

■「遠い役所」にしておく理由

なるほど、これなら、きょうもどこかの窓口で同じようなことが起きているにちがいない。要するに、役所に対して何らかの要望や相談事を持ち込もうとすると、まずは町会・自治会を通してといわれるらしいのだ。その後、さらにお聞きしたところ、これは市町村の役所でのできごとではなく、県庁の地方事務所の窓口における事例らしい。他にも、役所に助成事業の申請をすると、なぜか町会長を通じて返答が来るということもあるそうだ。

地域の問題を持ち込んだときに「まず自治会を通してください」という対応には、そのウラに「そうしなければ受け取らないぞ」「面倒なことは役所まで持ち込んで欲しくない」という心情が隠されている。これは、役所と市民との間にワンクッションを置くことで、市民を効率的に「統治する」という発想ではないか。

■町会・自治会は会員制組織

私は地域事務所の仕事をしたことがあるので、町会・自治会の役員の方々が、まさに献身的に地域活動をされていることを重々承知している。それだけに、もっとのびのびと活動していただくためには、地縁をミッションとする自発的な市民活動としてきちんと位置づけたほうがよいのではないかと思う。テーマ別のミッションをもった市民活動と同じように考えるべきなのである。

もちろん、市民活動間の交流や連携はありうるが、町会・自治会に対して、地域内の一般的な合意形成機能まで担わせることは事実上不可能であり、やってはいけないことではないか。やはりそこは自治体政府としてやるべきではないかと思う。町会・自治会も、実態としては会員制組織なのだ。もし地域自治機能が必要なら、そこに民主主義的決定システムを制度保障しておく必要がある。限られた「世帯主」だけが「拍手多数」の「満場一致」で決めるようなシステムでは、少数者や立場の弱い人たちが封殺されるだけではないのか。地縁組織と地域自治組織を混同すべきではない。

3　口実としての「個人情報の保護」

■「議会中」という言い訳

最近は調査や実習などで、大学の学生たちが役所を訪れる機会が多くなっている。受ける役所の立場にたつと「余分な仕事」であり、面倒も多いだろう。そもそも何が知りたいかを学生から聞き出すだけでもたいへんな作業であるし、外部からの「侵入者」に対する緊張感も生じる。

学生が何度連絡をとっても、その都度先延ばしをして実際に会ってくれない役所がある。たとえば「担当者がいない」「質問をファックスで送れ」「まだ回答ができていない」「会って話すほどのことはしていない」等々。このような対応は個々の職員の資質によると思われるかもしれないが、ここ数年間の経験からいうと、特定の役所はどこの部署でも同じような対応をする。これがその役所の風土というものにちがいない。

あるとき、産業振興をテーマとする実習科目の学生たちに工業振興策を説明してもらおうと、その役所に電話をしたことがあった。担当の職員と何回かやりとりしたが、最後に「議会期間中なので、何が起こるか分からず、約束をしても果たせないことがあるとご迷惑をおかけするのでお断りする」と婉曲に断られた。

確かに議会は大事だろうと思う。でも別に市長や部課長に説明をしてほしいということではない。相手は学生なのだから、職員が自分の仕事を説明してくれるだけでよいのだ。

■「重い腰」の合理化

「議会中」とともに、よく使われるのが「個人情報の保護」という言い訳である。市民活動のことを調べていた学生が、ある事業に市役所からの補助金が出ていることに気づいた。そこでその市役所に、どの程度補助金が出ているかを問い合わせたところ、それは個人情報だから教えられないといわれたという。

数年前にも似たような経験があった。必要があって、学生が市役所に社会教育団体の名簿を見せてほしいと連絡したところ、まずは「今年度の名簿はまだできていない」といわれた。そこで前年度でもよいから見せてほしいというと「昨年の名簿は最新のデータではないので見せられない」といわれたらしい。さらにそれでもよいからというと「個人情報だから見せられない」と拒否されたという。

社会教育団体の名簿は個人情報だろうか。社会教育団体に登録すると公的な施設を優先予約できたり使用料の減免を受けられたりする。それは社会教育団体が地域の中で公益的な事業をしていると認められているからであり、単なる趣味のサークルとは違うからだろう。そうだとすれば、少なくとも、その団体に誰もがアクセスできるような状態になっていなくてはおかしい。

現に、あとで調べたら、県庁のホームページには、団体の一覧はもちろん、連絡先も明記された地域別分野別の検索サイトまで設けられていた。「個人情報だから見せられない」といった職員は、ただ単に面倒な仕事をやりたくなかったというだけのことではなかったか。少なくとも学生はそう感じたようだった。

■補助金改革はここまで進んできた

さて、団体にどの程度の補助金が出ているかということは保護すべき個人情報だろうか。

情報公開という側面でいうと、仮に役所の決算書本体には記載されていなくとも、決算説明書の内訳に団体名が出てくる可能性はある。また決算説明書に出ていなくとも、その内訳の公開を求めれば、当然、非開示にはできないだろう。

しかし、このような消極的な意味から考えるだけでは不十分ではないか。いまや我孫子市をはじめとして、あちらこちらの自治体が補助金改革に取り組んでいる。

たとえば福島県庁のホームページを見ると、市民活動の補助金申請について、不採用を含め、申請内容、団体名、申請額、書類審査や公開審査の項目別評価点数や順位まで、個別の事業ごとに詳しく掲載されている。当然、どの団体がいくらの補助金を受けているかということは一目瞭然である。このように、補助金の内訳を明らかにすることには、積極的な意味合いがあるはずだ。

新任研修では公務員の義務として「守秘義務」を教えられる。しかし、「守秘義務」を拡大解釈してしまうと、役所だけが持っている情報は市民に教えられないというふうに運用されてしまう。現在の考え方では、自治体職員の「守秘義務」の範囲は、それぞれの情報公開条例で例外として列記されている「非開示」情報と一致する（兼子仁『地方公務員法』（北樹出版、二〇〇六年）、一一六頁）。それ以外の情報は全てオープンなのである。職員の「守秘義務」が市民自治の流れに抵抗する「言い訳」になってはいけない。

4　コミュニティ論の揺らぎ

■コミュニティ税への違和感

二〇〇九年四月から宮崎市が「地域コミュニティ税」を導入する予定らしい。市民税の均等割に五百円を上乗せして徴収し、その全額を「地域自治区・合併特例区」（合併特例法第二三条～第五七条）のそれぞれにある「地域まちづくり推進委員会」に交付するという。

宮崎市内の一五の地域自治区と三つの合併特例区は、それぞれの「地域協議会」で交付金の使途を協議する。使途の一部には、町会・自治会などの地縁団体への補助金も含まれるらしい。使途の具体的な事例については、「地域コミュニティ税使途研究会」が整理しており、使途の評価を行う「地域コミュニティ税評価委員会」も設置される。

この税については、市民や有識者を構成員とする「（仮称）地域コミュニティ税検討委員会」が二〇〇七年一〇月に出した報告書をホームページで読むことができる。ポジティブにいえば、市町村合併を契機とした地域自治の強化ということになろう。自治体発信の問題提起としても斬新であり、かつ重いテーマでもある。

ただし、率直にいえば、どうしても違和感を覚えざるを得ない。この違和感の源は、そもそも「地域コミュニティ」とは何か、というところの揺らぎにあるのではないか。

■現実と理屈のズレ

地域づくりをテーマとしたあるシンポジウムで会場から、そもそも「地域コミュニティとは何か」について、パネリストの考えを聞きたいという質問が出た。パネリストの回答を整理すると、地域コミュニティというものは重層的なもので、その都度、とらえ方が変わっていくのではないかということであった。

また、討議の中では、最近、町会・自治会の総会決定の無効確認訴訟が多いが、拍手で総会の議決をしたり、充て職で会長が議長をしているなど、手続き的にも不備なところがあり、行政として指導する必要があるのではないかという発言もあった。

それぞれにもっともな主張のように聞こえるが、待てよ、とも思う。現実と理屈の間の何かがずれているように感じられるのだ。

■「面々の計らい」

面識社会を前提とする現実のコミュニティは、厳格なルール適用ではなく、「面々の計らい」という融通によって経営されることが多い。政治の世界にある「部会長一任」という決着方法にも似て、まさに「ソフトロー」の一種である。このようなしくみは私好みではないが、面識社会の現実的工夫のひとつとして、多少のメリットがあることも認めよう。

しかし面識社会を超えた「地域コミュニティ」に「面々の計らい」は通用しない。私自身は、だからこそ、面識社会を超えたら、そこはもはやコミュニティではないと思っている。

公権力を背景として、否が応でも徴収される「税」の使途決定は統治組織としての課題であり、ひとりひとりの市民がその決定過程に関与できないようでは困る。限られた「世帯主」たちによる「拍手多数」で決定、という面識社会の「融通」の世界には納まりきらない。逆にいうと、面識社会の「融通」のよさを生かすためにも、コミュニティを自治体の統治機構に組み込んではならないのである。

5　人口一〇万人で職員四人の市役所

■市民社会をつくる

東洋大学の根本祐二さんが、アメリカに市長と職員四人の市が誕生したことを紹介している（『日経』二〇〇八年三月二五日）。アトランタ市の北に隣接する人口一〇万人弱のサンディスプリングス市である。実際に市の仕事をしている一三五人の従業員は、市から受託した建設会社の子会社の職員とのことだ。結果的に、歳出規模は同規模自治体の半分以下になった。逆にいうと、税金も半額以下になったらしい。

このようなことが思考実験としてありうるのではないかということは、ずいぶん前から考えてきたが、本当にそのような事例が出てきたというのは驚きだ。この背景を理解するには、アメリカ独特の自治体制度と公務員制度を知る必要があるかもしれない。アメリカでは、一定の手続きを経て、カウンティ（州の組織としての郡）から独立して自治体が創設される（したがって、廃止もありうる）。サンディスプリング市も新設自治体である。

また、今回、この会社は他の自治体で働いていた職員を多く採用している。このようなことを可能にするためには職階制や公務員の労働力市場という前提条件が整っている必要がある。要するに、優秀な人材を集めれば効率的な運営が可能になり、同時に職員もキャリアアップしていくということなのではないかと思う。

なかでも興味深かったのは、根本さんの紹介によれば、このような動きは「民営化」ではなく、PPP（公民パートナーシップ）として位置づけられているということだ。日本で「協働」というと「行政（役所）と市民との協働」という用法で用いられることが多いが、それをそのままあてはめると、この場合のパブリックとは、市長と職員四人のことで、プライベートが企業に働く市民ということになる。しかし、どうもおかしい。

この場合の「公民パートナーシップ」とは、市長と職員四人に行政（役所）を信託している主権者としての「市民」をパブリックとするものであろう。プライベートとは民間企業になる。つまり、日本でいう「協働」と、この場合における「公民パートナーシップ」とでは、「市民」の位置が逆になるのだ。むしろ、ことばの正確な意味でのパートナーシップとはこの場合のようなことを示すのであって、日本で使われる「協働」の意味は明らかに疑わしい。

■「協働」論の不幸

三回目の「かわさき自治基本条例フォーラム」が開かれた。二〇〇五年四月から施行された川崎市自治基本条例の制定過程に参加した市民たちが、一年に一回、条例のその後を検証していこうという主旨で開催されている。

今回のテーマは「あるべき協働のすがたを探る―公共における連携とは―」という難しいテーマだった。大学の講義風にいうと、「協働」の主体である市民セクター、企業セクター、行政セクターからそれぞれひとりずつのパネリストが出て意見を交換した。しかし、内容は教科書的な「美しい話」にとどまらず、刺激的な展開となった。

■ボランティア＝反「協働」

なかでも会場をうならしたのは、自分たちの活動は絶対に「協働」ではないと主張される「ハナさんハウス」の池田ハルミさんであった。ご自宅をボランティア拠点として開放した「ハナさんハウス」では、さまざまなグループによって福祉などの地域活動が展開されている。

池田さんの定義によれば、行政にやらされるのが「協働」で、自発的に活動するのはボランティアなのだそうである。だから自分たちはボランティアであって、決して「協働」ではないとおっしゃる。

私個人は「協働」ということばをあまり使わないが、あえて定義すれば、社会的な意味のある仕事が折り重なって市民社会を作っていくことであって、まさに池田さんたちの活動こそ、協働そのものだと思っている。日本における「協働」ということばの使われ方はあまりにも不幸だ。結局のところ、行政による「配分・負担」という発想でしかない。これは日本の地方自治が、国による「配分・負担」にとどまっていることとパラレルではないか。

〔注〕「配分・負担」とその対抗軸としての「信託・補完」については、今井　照「『総合行政主体』論の軛からの脱却」『ガバナンス』通巻一一二号（二〇〇八年八月）、参照。

Ⅱ　公共サービス改革と「公務員」制度

1　公務員は多すぎる？

■市民の常識

社会状況によって強弱はあるが、公務員に対する市民の批判は常にある。ある意味では健全な現象であることにはちがいない。

公務員に対する批判は大きく三種類がある。

①公務員は多すぎる
②公務員は楽をしている
③公務員の給料は高すぎる

ここでは「公務員は多すぎる」ということについて考えてみよう。総務省のホームページ（二〇〇八年七月最終閲覧）によると、人口千人当たりの「公的部門における職員数」は、日本が三二・五人で、フランスの八七・一人やイギリスの七九・二人などと比べると非常に少ないことがわかる。その中の「地方政府職員」に限っても、日本が二三・一人で、アメリカの六四・四人、ドイツの四〇・三人などに比べて、かなり少ない。このデータは、日本の公務員数が多すぎるという批判に対する反証として、しばしば使われている。総務省のホームページに、随時、データを更新しながら継続して掲載されているのも、政府側からのそういうメッセージが込められていると考えるべきだろう。

■隠れている日本の「公務員」

しかし、データを疑ってみることも必要である。たとえば、ある資料によれば、イギリスの自治体職員の約半分がパートタイムになっている（『英国の地方自治』（自治体国際化協会、二〇〇三年）、四一頁）。日本の自治体にも多くの臨時・非常勤職員が働いているが、実態としてどれだけの臨時・非常勤職員がいるのかという全国統計は存在しない。統計がないのだから、さきほどの国際比較上の日本の統計に臨時・非常勤職員が含まれているとは考えにくい。

ただし、二〇〇五年四月現在で、総務省が自治体に対して臨時・非常勤職員数の調査を行ったことがある。ところが、あまりにも多様であったために、結果的には正確なデータが得られず「未定稿」扱いになっている。そのとき得られた数字だけでも約四五万六千人の臨時・非常勤職員が確認されている。日本の自治体の一般行政部門の職員数は約百万人であるから、これを加えただけでも数字は大きく異なるにちがいない。

どうしてこういうことが起きるのかといえば、そもそも各国で公務員制度が異なるからだ。日本の場合、労働法制上で「公務員」と「非公務員」との違いがかなり厳格に存在している。統計にすると労働法制上の「公務員」だけが拾い上げられてしまうが、「公的部門」で働いていても「公務員」ではないという人も少なくない。たとえば、私のような国立大学法人の職員は、二〇〇四年四月から「公務員」ではなくなった。このような「改革」によって、国の行政機関に勤務する国家公務員数は、二〇〇三年八月の約八〇万人から、現在は約三三万人へと、わずかな期間で、実に、六割減になっている。仕事の内容に大きな変化はないが、ただ身分としての「公務員」ではなくなったということだけで、「公務員」数はこんなに変化してしまうのだ。

■「みなし公務員」

このように「公的部門」では働いているが「公務員」ではないという人たちの多くは、法制度上「みなし公務員」とされる。このような「みなし公務員」が国際比較の統計に含まれているかどうかは確認できない。そもそも日本に「みなし公務員」が何人いるかという統計が存在していないので、すべてが反映されているとは到底思えない。たとえば、駐車違反の取締り（法制度上は「放置車両の確認」）を委託されている民間事業者の従事者も「みなし公務員」である。あるいは、地域に漏れなく存在する民生委員（児童委員）のような人たちをどのように考えたらよいのか。民生委員（児童委員）は全国に約二〇万人以上いる。

このように考えていくと、日本には隠されている「公務員」が、意外に多いのではないかと思われる。逆に考えると、制度上「公務員」とされていなくても、たくさんの人たちが「公的部門」で働いているということがわかる。「みなし公務員」以外にも、役所の職員のように働いている民間企業の人たちもいる。たとえば、所得税の源泉徴収や年末調整制度、あるいは住民税の特別徴収がなくなったら、いったいどれだけの税務関係職員が必要になるのだろうか。

国際比較上、日本の公務員数が人口に比べて少ない要因は、統計上の問題だけではなく、日本の行政運営の方法そのものにも内在している。たとえば、業界団体や地縁団体を組織化して、その能力を行政に「動員」することで、行政機構の肥大化を避けてきたという側面もある。これまで市民や企業が役所の仕事を支えてきたからこそ、統計上の公務員数が少なくみえるともいえるのだ。

2 「公務員」とは何か

■総務省と法務省の「条件」

それまで「市場化テスト法」と呼ばれて準備されてきた法律案が「公共サービス改革法」として成立した。この法律そのものの論点は別として、ここでは法律案がまとめられる過程での興味深い議論を紹介したい。いったい「公務員」とはどのような存在であるのか、公務員ではない人とどのように違うのか、ということを考えるヒントになるからである。

公共サービス改革法に盛り込む内容は、内閣府におかれた規制改革・民間開放推進会議の場で整理されてきた。なかでも、自治体関係の事務に関しては、二〇〇五年一一月二二日の第四回主要課題改革推進委員会で議論されている（議事概要がホームページで公開されている）。会議の冒頭で、総務省と法務省は、この時点まで、頑として受け入れてこなかった戸籍謄本や住民票の写しなどの交付請求の「受付」と「引渡し」に限って、条件付きながら、市場化テスト対象とすることを了承した。その条件とは「現在、郵便局に委託としているのと同程度、同水準の担保措置」である。

■郵政民営化の波紋

以前、法務省は「戸籍謄抄本の取り次ぎが郵便局職員に認められているのは、戸籍謄抄本を取り扱う者が国家公務員であることによる」と主張してきた。ところが、郵便局が郵政公社化され、いずれは民営化されることが明らかになったことで、「公務員だから」という理由が成立しなくなってしまった。

そこで法務省が作り出した理屈が「営利を目的とする私企業と区別することが可能」「守秘義務やみなし公務員規定」「高品質ファックスや庁舎整備等の施設的条件」であった。しかし、推進会議のメンバーから、郵政民営化とは、まさに私企業になることであり、民間企業でも高品質ファックスを持てるし、郵便局より立派な建物はいくらでもあるという追及を受ける。残ったのは守秘義務とみなし公務員規定だけとなった。みなし公務員規定というのは公務員並みに罰則が適用されるということであり、必ずしもその実質が明記されているわけではない。

■公務員であることの意義

委員会では、戸籍の「受理」、たとえば、出生届、婚姻届、死亡届などを受け付ける仕事についての民営化も議論されている。委員側の主張は、市町村長がその責任で誰を使うのかを判断すればよいのではないか、届出の内容を判断する能力さえあれば、公務員、民間人は関係ないのではないか、というところにある。現在でも窓口の職員がすべての事例を熟知しているわけではなく、複雑なケースでは内部のベテラン職員や法務省に問い合わせをして解決しているのであって、民営化に際しても「難しいときは役所に聞けという一文を契約に置いておけば」よいのではないかということである。

最終的に、今回の公共サービス改革法では「受付」と「引渡し」だけが市場化テストの対象となり、「受理」はもちろん、発行の実務など、その他の業務は見送られた。しかし入口と出口だけを委託しても効率的になるとは思えないし、小規模な窓口ではかえって煩雑になるだけだろう。これで市場化テストが機能するとは思えない（現に、今日まで自治体では機能していない）。

ただ公務員という身分がどの程度の存在なのかということはわかってきた。公共サービス改革法の第二五条と第三四条第二項に民間事業者の責務と条件が書かれている。個人情報の取り扱いと守秘義務くらいしか目につくものはない。逆に考えると、この二点さえ守れば、誰でも公務員のやっている仕事ができるということかもしれない。

〔注〕公共サービス改革法そのものの論点については、今井　照「公共サービス改革法の概要と課題」『市民政策』第54号（二〇〇七年一一月）、参照。

3　市民総「公務員」化計画

■中央府省の半数は自治体職員？

中央府省に勤務する私の友人の職場では、管理職を除く一二人の課員のうち、六人が自治体からの出向者らしい。このうち、二人は正規の手続きを取り、一時的に国の職員に身分を切り替えているが、残りの四人は、あくまでも市町村や都道府県の職員のまま国の業務に携わっているという。つまり、人件費は自治体が持っている。

大森彌さんの『官のシステム』（東京大学出版会、二〇〇六年）の五六頁に、霞が関の中央府省の座席図の一例が掲載されている。この図でも「自治体からの出向研修員（給与は自治体持ち）」が目立つ。定員八七人に対して、自治体からの研修員は二四人となっている。職員の二割以上が自治体職員ということになる。

総務省人事・恩給局が定期的に国と自治体との間の人事交流状況をまとめている。二〇〇六年一月の発表によれば、国から自治体へは一、六一三人、自治体から国へは一、七六四人が出向している。ここ数年間の特徴は、市町村から国への出向人数の増加である。二〇〇〇年の九七人から一五二人へ、実に六割近くも増えている。

ただし、これらの公表数字は氷山の一角ではないかという疑いもある。ひょっとしたら、広く行われている自治体からの研修派遣がカウントされていない可能性が高い。

■具体的な代替戦略が必要

この数年間、国立大学法人化や郵政公社化を中心に、国家公務員の定員は、表面上激減してきた。霞が関の中央府省においても、職員定数が頭打ちであることは想像できる。しかし仕事量が同じか増大しているのであれば、必ず別の方法による手当てが必要だ。そこで、自治体からの派遣研修職員を活用しているのではないか。国と自治体との間の人事交流については、以前から多くの議論があるが、そのことは棚に上げておくとして、結果的に自治体からの職員派遣が、定員を抑制されている中央府省の大きな戦力となっているのは事実だと思う。

職員定数の削減目標を数値で示すという手法もわからないではないが、それだけではますます実態が見えなくなってしまう。団塊世代が定年を迎える二〇〇七年問題に絡めて、自治体でも退職者不補充で職員定数の削減目標を掲げるところが多い。しかし、どの業務をどのように代替するのかという具体的な戦略がなければ混乱するばかりである。

■「みなし公務員」の実態

公務員は減っても「みなし公務員」は増えている。特殊法人や認可法人の大部分は「みなし公務員」だ。国立大学法人に勤務する私もそのひとりとなった。

では「みなし公務員」とは何か。法律には「刑法その他の罰則の適用については、法令により公務に従事する職員とみなす」と書かれている。しかしそれ以上はよくわからない。「みなし公務員」に関する研究書や論文もほとんどみたことがない。私が目にしたいちばん詳しい教科書でも三行分しか触れられていない（塩野宏『行政法Ⅲ〔第三版〕』〔有斐閣、二〇〇六年〕、一二三六頁）。

「みなし公務員」は身近にも存在する。たとえば自動車の民間車検工場や自動車教習所で、それなりの指定を受けた人たちは「みなし公務員」となっている。彼らの業務を妨害すれば公務執行妨害になるらしい。

公共サービス改革法では、市場化テストを経た仕事に従事する人たちはすべて「みなし公務員」になる。たとえば、市場化テストを通じて、住民票の写しの取次ぎをコンビニで引き受ければ、コンビニのアルバイト定員も「みなし公務員」になる。ここまでくると、特段の資格や検定を受けるまでもなく、契約しだいで誰でも「みなし公務員」になる可能性がある。

やや奇をてらう発想だが、こうなったらいっそのこと、誰も彼も「みなし公務員」にしてしまったらどうなのだろう。そうすれば、民間委託や民営化にともなういろいろな問題がクリアになるような気がする。保育園の民営化や学校給食の民間委託という話になると、必ず市民からは「公務員のほうが安心だ」という声が出る。情緒的ともいえるが、意外に実態としては当たっているかもしれない。しかし、みんなが「みなし公務員」であれば、やや事情が変わるのではないか。単に情緒的な問題ではなく、どうやったら、実効的なリスク管理を伴って、社会的な仕事をしてもらうかという制度設計に話を移す必要がある。

〔注〕自治体と国、市町村と都道府県との間の「人事交流」の実態と問題点については、今井　照「人事交流の政府間関係」武藤博己編著『自治体職員制度の設計』公人社、二〇〇七年、参照。

4　民間委託の運用拡大

■法律以上の「通知」文書

二〇〇八年一月一七日付で内閣府公共サービス改革推進室から全国の自治体に流された文書を読んで驚いた。文書のタイトルは「市町村の出張所・連絡所等における窓口業務に関する官民競争入札又は民間競争入札等により民間事業者に委託することが可能な業務の範囲等について」という。

この文書には、市町村の役所の窓口業務のうち、民間委託することが「現行法上可能」な業務が列挙されている。明示されているのが二一業務で、欄外に三業務あるから、あわせて二四業務と考えられる。

最大の驚きは「市場化テスト」を定めた公共サービス改革法との関係である。この法律には、現行法の「特例」として、市場化テストの対象になる自治体の業務が掲げられている。たとえば戸籍謄抄本の申請の「受付」と「引渡し」など、いわゆる窓口六業務と呼ばれているものである。

これらの業務は今回の通知による二四業務にすべて含まれている。つまり、単純に考えると、法律で「特例」として創設された範囲を含めて、さらに広い業務が、一通の通知文書で「現行法上可能」な範囲になってしまったということである。

しかも、内容をみると、法律で規定された「受付」と「引渡し」ばかりではなく、「作成」と「その他、事実上の行為又は補助的業務」が付加されている。事実上、窓口での「受付」から「引渡し」まで、一連の作業全体の民間委託が「現行法上可能」と解釈されている。

■アクロバット的法解釈

もちろん、このような疑問に対する答えも通知の中に用意されている。法律上の六業務と通知上の二四業務との相違は「市町村職員の適切な管理」の有無という点らしい。具体的には「市町村職員が常駐」しているか否かということが例示されている。つまり、コンビニのようなところに委託するときは六業務であり、役所や出張所の中であれば二四業務が民間委託可能ということであろう。しかし、これは法律改正を回避しようとするアクロバット的な解釈ではないか。

たとえば戸籍謄抄本の発行は公証行為であり、行政処分のひとつと考えられている。現実の事務の流れをみれば、窓口で申請者と対話しながら一定の確認を行い、端末や原票から謄抄本を作成し、再び窓口で手数料の収納と引渡しをしている。これらを一人でやる場合もあれば、分担してやる場合もある。

この流れ全体を民間委託すると、謄抄本を発行してもよいかどうかという審査と決定はどこにあるのだろうか。まさか「常駐」している職員が一枚ずつ決裁するのではあるまい。たとえそうだとしても無意味だ。

■リスクは市民に

私の結論をいえば、もはやこうした彌縫策では対応できない。このことによって、万一、回復不可能な損害が生じた場合、その市民は生涯を犠牲にすることもありうる。耐震強度偽装問題はそういう教訓でもあったはずだ。

現時点では、公共サービスの質の確保を公務員という「身分」の規制で行うことは無理であり、不可能である。この通知では自治体に対して条例等の整備を要請しているが、それも限定的なように読める。「身分」による規制から「業務」単位の規制に転換すべきではないかと思う。

5　農協に窓口業務委託

■郵便局に役所の出張所

ＪＰ総研（日本郵政グループ労働組合ＪＰ総合研究所）と全国特定郵便局長会との共同プロジェクトに参加させていただいている。民営化への階梯を踏む郵便局を、自治体と連携させることで、地域に欠かせない存在として再構築できないかということをテーマとしている。

この研究会の調査の一環で、二〇〇八年春に香川県の東かがわ市に出かけた。東かがわ市では、合併後の行政組織の整理として、ふたつの出張所の施設を事実上廃止し、当該地区の郵便局内にそれらの出張所を移転している。

実際にその郵便局を訪れてみると、小さな郵便局のカウンターがふたつに仕切られていて、片方は従来どおりの郵便局、もう片方は役所の出張所の窓口となっていた。なかなか興味深い風景だと思った。

しかも単に出張所と郵便局が併設されているわけではない。従来、出張所が担っていた仕事のうち、住民票などの証明書交付事務（「本人申請」のみ）は郵便局窓口に委託されている。出張所側の窓口には、嘱託職員が一人いるだけで、福祉関係など、市役所への提出書類や手続きを取り次いでいる。

市役所側では郵便局に対して、業務委託の手数料（申請書一件当たり一六八円）や賃借料、共益費などを支払うことになるが、従前の出張所の施設維持費はもちろん、人件費からみても、相当な経費削減になっている。管轄地域の人口が数百人から二千人程度のところでは、出張所側も郵便局側も、決して来客が多いわけではないので、これらを統合することで経済的効果が得られるということであろう。

■福岡県宮若市の事例

この研究会ではもうひとつのものすごい事例を知った。福岡県の宮若市では、二〇〇七年四月から、農協の支所にも、住民票などの証明書交付事務を委託しているというのである。その根拠として「宮若市の証明事務等の窓口を農協に設置する条例」が制定されている。

条例によれば、証明書交付事務を取り扱う農協職員を役所の非常勤特別職として任命し、役所と農協との兼務にしている。そうだとすると、業務委託にはならないような気がするが、おそらく、このようなしくみにせざるをえなかったのだろう。

■魔法の条例

しかも宮若市のようにすれば、実は、ありとあらゆるところで、証明書交付事務が可能になる。非常勤特別職という役所の職員が常駐しているので、証明書の作成そのものも外部化可能であり、さらには「本人申請」ばかりではなく「第三者申請」の証明書交付にも道を開くことになった。いや、同様の手法をとれば、ありとあらゆる役所の事務が外部化可能になるとまでいえる。

もちろん問題も少なくない。最大のポイントは市民に対するリスクの管理とその実効性にある。この条例では非常勤特別職に任命された農協職員ばかりではなく、その他の農協職員にも守秘義務を課し、その罰則規定を設けるなど、工夫を凝らしている。二〇〇八年一月一七日付の内閣府公共サービス改革推進室発の文書よりもはるかに誠実な取り組みである。ただこれだけではまだ不十分だろう。

地域の支所・出張所の役割は必ずしも証明書交付事務が中心ではない。さまざまな意味での「地域の拠点」であり、地域の郵便局や農協支所がそのような性格のものになれるかどうかが、この取り組みの成否の鍵を握っているように思う。

〔注〕詳しくは、今井　照「郵政民営化と自治体経営改革～郵便局窓口と自治体行政組織との融合の可能性について」『自治総研』通巻第三五五号（二〇〇八年五月）、参照。

Ⅲ　自治体の責任

1　最高裁判決の衝撃

■急増する民間の建築確認

二〇〇五年六月二四日、最高裁第二小法廷で、自治体関係者にとって衝撃的な判決が出た。簡潔にいうと「指定確認検査機関」の建築確認に起因する損害賠償請求の相手方は自治体のみ、という判断が下されたのである。もう少しくだけていうと、民間の指定機関の仕事（外部化された行政処分）によって生じたトラブルの責任は自治体のみがとりなさい、ということになる。

これだけではわかりにくいが、この判決は、指定管理者制度にも大きな影響を及ぼすはずである。したがって、建築関係者だけではなく、自治体行政全般にとって重要な判決になると思う。

「指定確認検査機関」というのは、一九九九年五月施行の改正建築基準法によって創設されたもので、建築確認や検査を民間でも実施するために、国土交通大臣や県知事から指定された株式会社や財団法人などのことである。このような民間の指定機関が行う建築確認の件数は、二〇〇一年度に一四・一％だったものが、二〇〇三年度には四五・一％にも上っている。

■行政処分を外部化する効果

この制度は行政処分の外部化の典型的な事例であり、いわば、指定管理者制度の水先案内人でもある。

損害賠償請求の相手方にされた横浜市は「抗告許可申立理由書」の中で、民間の指定機関は、独立した権限を付与されており、損害賠償の主体たりうると主張している。考えてみれば、そもそも、指定そのものにも横浜市は関与していない。もしここまで責任を取ることになるのなら、指定確認検査機関で行った建築確認について、全ての書類を提出させ、もう一度、横浜市で確認検査しなければならなくなる。これでは外部化の意味が全くない。

■指定管理者制度への影響

一方、指定管理者は、自治体が条例で指定するので、指定確認検査機関以上に自治体の責任が重いことはいうまでもない。この判決の主旨をあてはめれば、指定管理者に外部化された行政処分の賠償責任は自治体のみにある、ということになる。

そうだとすれば、指定管理者制度と業務委託との間には実質的な差がないのではないか（利用料金制度の有無くらいか）。むしろ「契約」事項から、恣意の入りやすい「指定」事項に変わることで、不透明性を高めてしまう危険もあるのではないか。職員ＯＢによるＮＰＯ法人を「指定」して、天下り先を確保しているかのような噂が流れている現実もある。

これまでの行政処分は、その主体を公務員に限定することでさまざまな規制を実効化させてきた。しかし、指定管理者制度のように、誰もが行政処分の主体となる可能性のある制度ができてしまった以上、実務的には条例でかなり細やかな規制をかけなければならなくなる。というより、根本的には、行政処分、さらには行政という概念そのものを脱構築する必要があるのではないかという気がする。

2　耐震強度偽装問題と指定管理者制度

■問われる自治体政府

指定確認検査機関に関する最高裁判決の後、二〇〇五年の年末にかけて「耐震強度偽装事件」が社会的な大問題となってしまった。耐震強度の計算を偽装することによって、コストを低減化させて建設されたマンションが随所にみつかったのである。たまたまそのマンションを購入してしまった住民は、いわば犯罪被害者であり、生涯的な損失を被ることになった。

この事件を社会的に明らかにしたのが指定確認検査機関であったために、建築確認の外部化に伴う問題点も論じられることになったが、事件そのものは外部化とはかかわりないといえよう。ただし、自治体関係者にとってはさまざまな論点を提供してくれる。

たとえば、『ガバナンス』二〇〇六年一月号の奥津茂樹さんの連載にあるように、自治体の情報公開というテーマもある。建築主事のいる自治体と同様の行政処分を担うことになった指定確認検査機関には、私の知る限り、情報公開条例が適用されていない。同じ業務をするのであれば、市民から見て同じような規制がかかっていないとおかしい。まして、指定確認検査機関のやった仕事はその自治体が責任を負うというのであれば当然のことだろう。

■「市場化」にも反する

この事件に対する私の最大の関心は、指定管理者制度への波及である。指定管理者制度は「行政処分の外部化」という意味で、指定確認検査機関のような制度を見本として作られているからだ。

私はもともと自治体行政のアウトソーシングそのものにはポジティブなのだが、それは市民社会への分権や市民自治による管理に向けてのためである。その観点からみると、指定管理者制度は選択すべきではないと繰り返し主張してきた。

ある管理職に、なぜ指定管理者制度を選択するのかとたずねたら「行政にとって使い勝手がよい」という答えだった。なるほど本質をついている。「入札省略」という手続きは、実質的に「官製談合の合法化」状態を全国のあちらこちらにもたらしている。つまり、行政側の裁量権を実質的に高め、競争が発生しにくい状態を導き出しているのが指定管理者制度なのである。しかも複数年の指定なので、それだけ長く非競争状態が続く。指定管理者制度は「市場化」にとっても最悪の選択だ。

■「公権力の行使」概念の検証

先の最高裁判決を受けて、二〇〇五年一一月三〇日に横浜地裁が判決を出している。俗っぽくいうと「よくある間違いなので、結果的には自治体に過失はない」という結論になる。しかし、その前段には最高裁判決の主旨がそのまま明記され、指定確認検査機関による建築確認処分は「建築主事が置かれた地方公共団体の公権力の行使」であると書いてある。

最大の問題は、ここにある「公権力の行使」という概念である。これを根本的に再構築せず、小手先の「外部化」でごまかす限り、今回のようなトラブルは繰り返し生じる可能性が高い。もちろん、指定管理者制度においても同様である。

分権改革で省庁の強い抵抗を押し切り、建築確認を機関委任事務から自治事務に位置づけた以上（国からの支援を求めることはありうるとしても）一義的には自治体政府にこの事件を処理する責任がある。一方で、自治体が「危ない橋」を渡るような制度を作ったのは国であり、建築確認を自治事務とした意義が十分に機能していないというのも事実である。

もし今回の事件を自治体が教訓とするのであれば、指定管理者制度は選択すべきではない。もしやむをえず選択するのであれば、少なくとも、情報公開、個人情報保護、賠償責任、不服申し立て、モニタリングシステムなど、市民リスク分散やその罰則について、条例で規定しておくべきであろう。

〔注〕詳しくは、今井　照『自治体のアウトソーシング』（学陽書房、二〇〇六）、参照。

3　最高裁判決の重み

■遵守しなくてもよい政省令

ある自治体の訴訟についてお話を聞いたときに、画期的な最高裁判決があることを知った。あまり大きく取り上げられていないので、これまでも同主旨の判決があるのかもしれないが、私にとってはきわめて新鮮だった。

その判決で指摘されていることを私なりに言い換えると「自治体は政省令に書いてあるからといってそのまま施行してはだめだ。法律の主旨に従って自分で判断しなさい」ということになる。もう少し、私の主観を加えると「国の政省令だからといって、そのまま遵守すべきではない」というふうにも読み取れる。

■氏名用漢字を誰が決めるか

事件は戸籍の窓口で起きた。生まれたこどもに「曽良」という名前をつけようとした親が出生届を受理されなかった。当時、「曽」という字が氏名用漢字になかったからである（現在は、この事件を受けて取り入れられている）。日本中の市町村役場でよくあるシーンかもしれないし、これまでも類似の訴訟は多数、起きているようだ。

戸籍法には「子の名には、常用平易な文字を用いなければならない」「常用平易な文字の範囲は、法務省令でこれを定める」とある（第五〇条）。窓口の職員は、当然のこととして、戸籍法施行規則の別表にはない「曽」の入った名を受理しないこととするだろう。おそらく百人の職員がいれば百人ともそのようにするのではないか。

しかし最高裁第三小法廷（藤田宙靖裁判長）は次のようにいう。

「戸籍事務管掌者（市町村長のこと・引用者注）は、当該文字が施行規則六〇条に定める文字以外の文字であることを理由として、当該文字を用いて子の名を記載した出生届を受理しないということは許されないというべきである」（二〇〇三年一二月二五日第三小法廷決定平成15（許）37「市町村長の処分不服申立審判に対する抗告棄却決定に対する許可抗告事件」)

要するに「常用平易な文字であるかどうかは市町村長が自分の頭で考えなさい。国が政省令で決めたからといって、それを根拠にしてもだめです」ということだ。考えようによっては、市町村ごとに受理できる氏名用漢字は異なっていてもよいではないかという意味にもなる。

■法定受託事務と自治体責任

確かに、自治事務も法定受託事務も自治体の事務であるという分権改革の意義を適用すれば、このような結論になるはずだ。実務的には、氏名用漢字を改めて市町村長が決定し直す手続きが必要になるだろう。たとえ政令のままでも、その氏名用漢字をどうして決めたのかという説明責任は市町村長に発生する。多少、ふらちなアイデアだが、わが町ではどんな漢字でも受け付けます、としてまちづくりに生かす町や村が出てきてもおかしくはない。

もちろん、世の中はそれほど単純ではない。もしそうなったら法務省は市町村に対して国としての「関与」をしてくるだろう。ただし、そのような「関与」も分権改革以降は必ずしも決定力をもたないことは、いまだに住基ネット不参加自治体に対して国からの有効な「関与」がとられていないことでもわかる。しかも最高裁判決なのだから、府省といえども簡単にはひっくり返せない。

この判決は戸籍だけにとどまらず、実は自治体の全ての事務についてあてはまる。国にいわれるがままやっていても、責任は自治体が負う以上、やはり自分の頭で考えるしかないだろう。

〔注〕詳しくは、今井　照「自治体の現場力」『年報自治体学』20号(二〇〇七年七月)、参照。

文堂、二〇〇六年、参照)。

4　大阪府知事の「勧告」の意味

■活用され始めた「是正の勧告」「是正の指示」

二〇〇四年一〇月、福島県は北塩原村に対して地方税法に基づく「勧告」を実施した。もしこの勧告内容が実施されないと、地方自治法上の「是正の要求」に発展する可能性があった。福島県では、二〇〇三年六月、矢祭町に対し、住基ネット接続について地方自治法上の「是正の勧告」をしている。同様の勧告をした東京都ともに、おそらく分権改革によって新たに創設された新地方自治法の係争処理システムの初めての適用ではなかったかと思う。さらに福島県ではことし四月にも、いわき市農業委員会に対して地方自治法上の「是正の指示」をしている。つまり、福島県では、この一年余りで三件も、県と市町村との係争処理システムが稼動したことになる。他県での運用状態はわからないが、やはり特記すべきことだろうと思う(詳細は、垣見隆禎「地方分権改革の検証」日本地方自治学会編『自治体二層制と地方自治』敬文堂、二〇〇六年、参照)。

■相場(世論)が勝負を分ける

二〇〇〇年施行の新地方自治法において、国から自治体、県から市町村に対する「関与」の類型が整理、法定化された。技術的助言から始まり、勧告、要求、指示等、そのしくみはあまりにもわかりにくく「こんなものを作っても使われないのでは」と仲間内では話されていた。しかし、このように使われ始めてみると、決して悪くないしくみである。

おそらく、いままでなら(今でも多いと思うが)担当者間の電話などで、内々で収拾されてしまった事案が、こうしてプレス発表までしなければならないのだ。しかも、勧告、要求、指示という高飛車的な用語とは裏腹に、実質的には市町村の意向どおりに事が運ぶ可能性のほうが高い。いまだに住基ネット未接続の自治体が存在することでもそのことはわかる。逆にいうと、それだけ市町村の判断能力が問われる。首長一人というよりは、議会や職員を含めて英知を出し合う風土が求められる。結局は市民がどちらの立場を是とするかが分かれ道になると思うからだ。

■具体的個別的関与

二〇〇七年九月六日、大阪府知事は箕面市長に対し、住基ネット事務に関する「勧告」をした。やや話は入り組んでいるが、簡単にいうと、二〇〇六年一一月三〇日の大阪高裁判決に基づき、箕面市は住基ネットへの接続を希望しない住民の住民票コードを大阪府に送らないようにしようということを決めたことに対しての「勧告」である。

久しぶりに「勧告」の文字をみたので調べてみると、今回の「勧告」は地方自治法に基づくものではなく、住民基本台帳法第三一条第二項に基づくものとわかった。地方自治法で「関与」の原則は定められているが、例外として、個別法による「関与」の余地も許容されている。今回の事例も、そのような例外に属する「関与」のようであった。

それにしても、今回の「勧告」には疑問が多い。第一の素朴な疑問は、執行された事務処理に対してではなく、執行されようとしている時点での「勧告」ということである。法の作り方として、そのようなしくみもありえないわけではないが、一般的には「考え方」に対して予防的に「関与」するのは避けるべきであろう。

第二に、箕面市の対応は大阪高裁の判決に従ったものということだ。もともとこの訴訟は箕面、吹田、守口の三市の住民が起こしたもので、箕面市はその判決を受け入れて結審し、吹田、守口の両市が最高裁に上告している。大阪高裁の判決も住基ネットそのものには肯定的で、ただ当該住民の住民票コードの削除だけを求めている。ところがそのような情報を大阪府のサーバが、現在のプログラムでは受け付けないため、箕面市は住民票コード以外の本人確認情報を文書で通知することにした。大阪府知事の「勧告」の理由のひとつは、電算機から電算機に通知することを求めた住基法第三〇条の5第2項に違反するというものである。「因縁をつける」というのはこういうことであろう。

■県庁は邪魔をしないで

第三に、住民基本台帳事務は、紛れもない自治事務である。国の仕事が便利になるだけの（だからこそ不安な）住基ネットでさえ、その経費が自治体負担とされているのは、自治事務であるがゆえだ。

自治事務の法令解釈権は、一義的には当該自治体に存する。二義的には住民や司法の判断がある。もちろん、県庁や府省による意見表明があってもよいが、両者と比較すれば劣位にある。しかも、住基法上の「関与」には、「勧告」以上の手段が記されていない。

大阪府知事の文書を読むと、このままでは判決どおりに事務を執行しようとする市町村の行き場を閉じるだけだ。こういうことを「いじめ」という。少なくとも、市町村の仕事を邪魔せず、さらには、市町村が仕事をやりやすいように環境改善を進めていくということが都道府県の務めではないのか。

5　三位一体改革のトリック

■政策アクター

「三位一体の改革」は、三つの主体間の微妙な力のバランスの上に成立した。第一は、財政再建のために国の財政規模を圧縮したい財務省（A）、第二は、国庫支出金（補助金や負担金）を通して、自分の仕事を自治体にやらせている（やってもらっている）各省庁（B）、第三は、自治体の代弁者であることを自負する総務省（C）である。自治体そのもの（D）もアクターのひとりであるが、実はCとDとの立場のズレが、この改革の最終的な犠牲者をDとする悲劇を生んだ。

「三位一体の改革」の直接のスタートは二〇〇一年八月の経済財政諮問会議に当時の片山総務大臣が提出した「片山プラン」から始まる。使い道を特定された国庫支出金を削減して、それに見合う額を一般財源（地方税）に振り替えるというのは自治体関係者の悲願であった。しかし、これだけでは、BとCの綱引きになって動かない。そこで片山プランでは「地方交付税の見直し」という三項目を挿入し、Aの気を引くことで力のバランスを崩した。この結果「三位一体の改革」は政治過程をすべり出した。これが第一のミソである。

■数値のトリック

一般に、この改革は四兆円の国庫支出金の削減と三兆円の税源移譲と説明される。この差額が第二のミソである。これもCがAを自陣に引き込むための誘い水であった。しかし、四兆円の削減が確定したのは「骨太の方針二〇〇三」であり、三兆円の税源移譲が確定したのは「骨太の方針二〇〇四」である。実は、両者は別々の話であり、セットではない。結果的に、削減額は五兆二千億円余りにのぼり、それに対する税源移譲額は三兆円にとどまった（二〇〇六年度当初予算）。つまり、AはCの話に乗りつつ、遠慮会釈なく誘い水をがぶがぶと飲んだのである。しかも、税源移譲の原資の大部分は、単に国の負担率を削減するか交付金化で賄った。つまり、Bにとっても、自治体への関与は引き続き今までどおりで、表面的な予算いじりだけという「丸儲け」状態で終わった。

■都市優遇政策

第三のミソは、この改革と同時並行で、Cにより約五兆一千億円の地方交付税等が減額されたことである。本来、国からの補助金が削減されても、その事業を自治体がしなければならないのであれば、地方財政計画にはねかえり、最終的には地方交付税で調整されることになる。ところが、その地方交付税総額が大幅に削減されたのだから、自治体財政が苦しくなるのは当然であった。しかも、この苦しさは歳入に占める地方交付税の割合が高い市町村ほど厳しくなる。税源移譲にも同じような構造がある。これらは国政による地域間格差の拡大、すなわち都市優遇政策とみてもよい。

もちろん、府省の官僚層はこういう結果になることを熟知していただろうが、大部分の自治体関係者はこうなるとは思っていなかったはずである。つまり、Ｃは Ｄの代弁者のようにふるまったが、最終的にはＡやＢと裏で手を結んだのも同然という結果となり、自治体、特に小規模市町村を切り捨てたことになる。犠牲者は地域で暮らす市民であった。

（『エコノミスト』二〇〇八年一月二九日号）

Ⅳ　市町村合併と道州制

1　平成の大合併を検証する

■予想外の合併進捗

正直いうと、こんなに市町村合併が進むとは思わなかった。ある意味では甘くみていた。地方自治関係の研究者は一般的に「合併が必要なところもあれば、必要のないところもある。いずれにしても地域でよく議論して決めることだ」という立場をとる人が多い。合併にかなり懐疑的な人でも、一律に合併反対という人はほとんどいない。逆に、積極的に合併の旗振り役をかってでる研究者もきわめて限られている。

ところが、福島で、院生・学生や近隣の自治体職員とともにやっている自治体政策研究会で「郡山市やいわき市には、つい最近まで合併をひきずった市議会議員の選挙区制度があった」という身近な事例を聞いて興味を持ち、調べ始めてから考えが一変した（今井照・荒木田岳「市町村合併に伴う選挙区制度に関する研究」『自治総研』通巻第二九四号～第二九五号（二〇〇三年四月～五月））。今回の合併で主張されていることや混乱は「昭和の大合併」でも全く同様に起きていた。歴史が繰り返されていたのである。

合併前市町村の地域自治の尊重、総合支所制度などは、当時もいわれていたが、きわめて短時間のうちに雲散霧消している。当時も合併前の新庁舎建設が批判されているが、今回も福島県内だけで、合併目前の三つの町で新庁舎が建設されている。「昭和の大合併」では、合併直後の市町村が次々と財政再建団体に転落していたこともわかった（荒木田岳「市町村合併と財政再建の可能性」『自治総研』通巻第三〇一号、第三〇四号（二〇〇三年一一月号、二〇〇四年二月号））。さらにショックだったのは、そのとき財政再建団体に転落した町の、今の財政担当者がそのことを知らず、さらに、今回もまた合併に向けて同じようなことをしていたことだった。

■反抗が自立能力を育てる

合併にかかわった市町村の役所と職員は、最近五年間くらい、思考停止状態のようにみえる。膨大な合併作業に忙殺され、その他の何もかもが「合併待ち」となっていた。もちろん、合併後には予期しない後始末が山積して、まちづくりどころではなくなっている。合併の検証どころか、一刻も早く、合併のことを忘れたいと思っているのではないか。

一方、幸か不幸か、合併にかかわりのなかった市町村は必死である。後ろ指をさされないように、いろいろな工夫をせざるをえない。

合併を選択しなかった町村長の連続講演会が大学で企画された。みなさんの話を聞くと、行財政を効率化した「優等生」は、総務省のアドバイスを受け入れたところではなく、むしろ、いうことを聞かなかった自治体ではないかと思えてくる。

■誰が「トク」をしたか

全国の市町村を、合併した市町村、合併しようと法定協議会を設立したが合併しなかった市町村、法定協議会を設立するまでもなく合併しなかった市町村の三つに分類し、それぞれの地方債残高と積立金残高の推移を調べてみた（今井照『「平成大合併」の政治学』（公人社、二〇〇八年）、六六頁から七〇頁まで）。合併に取り組む姿勢によって合併前の行動パターンが見事に分かれている。合併しようとする自治体の財政規律が、合併前からがらがらと破綻していくようすがくっきりと現れた。もし合併しないとしたら、絶対に実施されなかったにちがいない公共事業が、積立金（貯金）を取り崩し、地方債（借金）を起こして行われているのである。日本全国で、市町村合併によってどれだけの資源が浪費されたことだろう。合併とは、この時代には数少なくなった公共事業のラストチャンスだったのである。それによって誰が「トク」をしたのだろうか。

一九五五年にできた財政再建団体制度は、昭和の大合併によって財政が悪化した自治体を救うこととなった。二〇〇七年には自治体財政健全化法が成立した。歴史は繰り返すものだ。しかし、前回のような高度成長はもう来ないだろうから債務の解消は簡単ではない。

おそらく、市町村合併を推進した人たちは、合併前後の財政規律破綻で「トク」をすると思いこんだ人たちなのである。市町村合併こそ壮大なムダを生み出したのであり、将来への重い負荷となっている。このうえ、さらに道州制を導入して、いったい誰にどんな「トク」があるのだろうか。

2 自治体議会・議員とは何だろう

■少し変わったこと

「平成の大合併」を「昭和の大合併」と比較すると、圧倒的に類似点が多いが、異なる現象もみられる。ひとつは住民投票が多用されたことである。昭和のときも、当時の新聞記事には住民投票のことがしばしば報道されているが、住民投票条例が制定された形跡はほとんどない。おそらく住民アンケートのような形態が多かったと思われる。

第二の違いは、合併協議会のホームページが開設され、議論のようすや合意した内容が入手しやすかったことである。ただし、早くも協議会のホームページが削除され、合併した市町村のホームページをみても、既に新市建設計画すら読めないところがほとんどだ。合併までの約束事は、合併した途端に捨て去られようとしている。合併関係者によって市民が欺かれたといわれてもしかたない。

第三の違いは議会の対応ではないかと思う。統計的に把握できないが、今回は合併の実現に向けて動いた議会が意外に多かったように感じる。

■議員数削減は効率化？

ここ数年間、市町村合併の前と後での自治体議会の議員構成の変化などを調べている。要点だけをまとめると、市町村合併の前後では、無所属議員の議席割合が減り、政党所属議員の議席割合が増える。これは、この二〇年間、無所属割合が増えているという一般的な傾向に逆行している。

この調査に付随してわかったことは、旧市町村の議員が、合併後も当分の間、そのまま議員でいられる「在任特例」の利用が減少しているということである。「平成の大合併」の新設合併では、二〇〇四年二月になってはじめて、在任特例を利用せず、原則どおりに設置選挙をするという事例が登場する。それ以前は在任特例の事例しか存在していない。その後、急速に在任特例が利用されなくなる。全国的に、在任特例を利用している議会に対する解散請求が相次ぎ、自主解散や議員の全員辞職という事態が起きていることも影響しているのだろう。

市民運動の主張によれば、在任特例は「行財政効率化が目的の合併の趣旨に反する」という。確かに、合併の目的が行財政の効率化にあるとするなら、効率化できるのは議員数と役所の総務部門ぐらいであるから、その理屈もわからないでもない。

しかし合併自体によって行財政を飛躍的に効率化できるわけではないし、現実には逆行している事例も少なくない。それに議員数と効率化を結びつけるという発想にも疑問がないわけではない。むしろ、根本的な問題として、自治体議会と議員のあり方に対する市民の不信感があるように思う。

■議員選出の権利を放棄？

次に驚いたのは、編入合併において、在任特例も増員選挙も行わない事例が二〇〇五年から登場したことである。こうなると編入される自治体の議員は全員失職するため、少なくとも次の一般選挙までは、編入された自治体の市民が選んだ議員が存在しないということになる。編入合併とはそういうものだといわれればそのとおりかもしれないが、いままでそこに存在していたはずの自治体とは何だったのかと思わずにはいられない。

いずれにしても、議会なんかなくても、議員なんかいなくても、どうってことはないということなのだろうか。確かに、現在の自治体議会や議員のあり方には不満も多いが、それでよいのかと思うと、頭を抱えてしまう。

〔注〕本節の執筆時には寡聞にして知らなかったが、その後、鹿谷雄一さんによって、昭和の大合併時に、群馬県福島町で住民投票条例が制定され、合併に関する住民投票が行われたという事例が紹介されている。鹿谷雄一「住民投票の歴史的展開」日本地方自治学会編『合意形成と地方自治』敬文堂、二〇〇八年、七七頁。

3　自治体選挙の三〇年

■統一地方選挙の結果予想

総務省の資料によれば、二〇〇七年四月に行われた統一地方選挙の「統一率」がついに三割を切ったという。解散や解職、あるいは辞職や死亡という要因がある以上、しだいに選挙の時期がばらけるのは当然だが、今回は市町村合併によって自治体選挙の実施時期が繰り上がったという影響もある。

統一地方選挙の結果について、選挙前から予測の成り立つ結果があった。第一に、選挙数そのものが半減することである。総務省による事前の発表では、議会議員と首長を合わせると、前回統一選の二三六二選挙から、今回は一一一四選挙となるらしい。これも合併の影響といえよう。選挙数が減るということは、逆にいうと、選挙区が広域化したということであり、また議会議員や首長の絶対数が減少するということでもある。

第二に、合併した市町村では投票率が下がることである。一般的に、合併前と合併後の投票率を比較すると低下する傾向がみられる。自治体の人口規模が二倍になった場合、合併前に比べて投票率は平均三・八パーセント低下する。同じように、人口規模が五倍になれば八・九パーセント、一〇倍になれば一二・八パーセント下がるそうだ（矢野順子・松林哲也・西澤由隆「自治体規模と住民の政治参加」『選挙学会紀要』四号（二〇〇五年））。投票率を市民の政治参加の度合いのひとつの指標とすれば、都市規模と市民の政治参加度との間には深い関係があるということが想像できる。

第三に、合併した自治体では、市町村長に対する推薦等の政党関与率が低く、一方、議会では、一般に政党所属議員の議席率が高まるということである。これは、首長選挙においては地域間対立が選挙の対抗軸になりやすく、また、選挙区が広域化し、議会議員の絶対数が減少することで、地域代表の無所属議員が当選しにくくなることによる（辻山幸宣・今井照・牛山久仁彦編著『自治体選挙の三〇年』公人社、二〇〇七年、参照）。

■合併と自治体政治

以上のような現象が自治体の政治（市民自治）にとってどのようなインパクトをもたらすであろうか。一九九九年から二〇〇五年までの間に議会解散・首長解職請求の住民投票が実施された市町村の人口規模を集計してみた。人口一万五千人以下で過半数を占める。人口が五万人を超える自治体で実施されたのはわずか三件で、しかもそのうち二件は人口六万人台であり、あとひとつは一五万人台である。直接請求という住民自治の有力な制度は、小規模であればあるほど活用され、人口三万人を超えると急速に利用されにくくなるということがいえるのではなかろうか。

■道州制への視点

市町村合併は選挙区の広域化、議会議員や首長の絶対数の減少、投票率の低下をもたらす。このことと前述の分析やデータをあわせて考えると、市町村合併が市民自治の進展に打撃を与えたことはもちろん、政党内部における中央から地方に対する系列化を進めたのではないかと危惧する。だからこそ国政の政治家たちが合併の旗を振ったのであろう。その代表格であった野中廣務氏は『都市問題』（二〇〇六年一二月号）で「私は分権に際して強く合併推進を唱えました。ところが私は今になって、やや、やりすぎたかなと思っているのです。後悔しています」と述べている。同じような意図が道州制にも隠されているのだとしたら、もう少し道州制に対して厳しい見方をしなければならないのではなかろうか。

4　都道府県の自己否定

■白熱する議論

二〇〇七年五月一九日の地方財政学会で、にわかには信じがたい構図で論争が繰り広げられた。テーマは道州制で、パネリストはふたりの県知事と新聞社の論説担当者、それに大森彌さん（東大名誉教授）であった。

市民常識からみれば、研究者やマスコミが道州制をあおり、当事者である知事などの自治体関係者が反対するという構図なら、さもありなんという気がするが、ここでは正反対であった。県知事自らが、これまでの県を否定し、道州制へ移行すべきと積極的に意見表明したのである。

加戸守行愛媛県知事は、住民の負担増を避けるためには道州制が効率的であると主張した。たとえば、現在の行政システムでは、県が二層、国が三層の地方組織をもち、市町村はそれらをひとつずつクリアしていかなければ仕事ができず、それは重複行政であり、非効率であると指摘する。

一方、大森さんは、確かに市町村の役所は県庁を快く思っていないが、それは県庁が市町村ではなく国を向いて仕事をしているからであり、分権改革はそういう県庁を改革しようとしたものなのに、県知事は県庁の改革を放棄して道州制に逃げ込もうとしているという主旨の批判を展開された。

■「永遠に未完」の区域問題

金井利之さん（東大教授）は近著『自治制度』（東京大学出版会、二〇〇七年）の中で、市町村合併や道州制という「制度」論議は、具体の政策課題と連動しないために「制度いじり」の机上論になりがちと書いている。その背後には自治体の「総合性」という膨張指向があり、またそれゆえに相互の総合性の衝突を内在する区域問題は、戦後一貫して存在し続け、解決できる程度に問題設定する自治制度官庁（総務省）が間歇的に持ち出す「永遠に未完」の問題のひとつとしている。

金井さん独特のシニカルな分析であるが、いわれてみれば納得できるような気もする。ただし、連綿と繰り返された道州制論議の歴史の中で、今回、際立っているのは、当事者の県知事の中に同調する動きが少なくないということである。

■根拠なき「期待」

平成大合併の多くは、交付税ショックに触発されて「合併すれば何とかなる」という根拠なき「期待」に向けて不安を先送りする市町村長たちによって進められた。その結果、財政規律は破綻し、合併前の約束をだましだまし先送りすることでしか予算も計画も作れない担当者たちの嘆きがあちらこちらに充満している。

道州制にも似たような構図がみえて呆然とした。振り返ってみれば、道路や河川事務を国から県へ移管しようとした分権推進委員会第五次勧告に反旗を翻したのは県庁であった。このままでは、仮に道州制ができても、五層が六層になるだけだろう。制度いじりが机上であるうちはまだしも、できもしない空論を現実化させることほど罪なことはない。

5　しつこく「市町村合併の検証」を

■分権化定理と合併

お世話になった恩師のひとりから「原稿というのは締め切りがあるから書けるのだ」という教訓をいただいたことがある。その意味は、完璧なんてありえないということだろう。逆にいうと、原稿というのは、書き終えたときから後悔が始まる。

二〇〇八年四月に二冊の本を刊行させていただいた（『「平成大合併」の政治学』公人社、『市民自治のこれまで・これから』公職研）。この一年間、全力を投入してきたはずなのに、書き終えた後、新たに論文や事例に触れると、こういう点も含めておけばよかった、と思ったりする。

たとえば「市町村合併によって地方政府の数を極端に削減しているわが国では効率的分権論の主張から逆行した政策を行っている」（林正義「地方分権の経済理論」『分権化時代の地方財政』中央経済社、二〇〇八年）という文章を読むと、こういう見方もあったのかと目から鱗である。ただし、論文の主旨をもう少し正確にトレースすると、日本の場合、地方政府の歳出の「大部分は再分配的」であり、このような「状況に効率的分権化論のロジックを適用することは分権化の失敗を招く」とも指摘されている。そこで「再分配政策のアウトプット統制や財源保障は中央政府の役割」であるべきだが、「インプット選択に関しては中央政府の統制を排し、地方の裁量を拡大した方がよい」という結論が導かれている。

■「移譲」と分権との関係

やや斜めからの読み方になるが、合併検証問題とは別の角度から、この論文の主旨を私なりに解釈すると、自治体側の分権に対するスタンスが逆効果であったという側面もみえてくる。この論文では、欧米の自治体のように、上下水道や都市計画などの公共財の供給中心であれば「分権化定理」のような効率的分権化論が考えられるが、日本の自治体のように公的扶助や対人社会サービスなどの再分配的政策中心では適用されないとしている。そうだとしたら、日本の自治体がこのような分野で事務や権限の「移譲」を求めてきたことは、逆に分権の大義から遠のいたということにもなる。

私自身はそれほど単純に割り切れないとは思うが、思い当たる節がないではない。いまだに仕事を移すことが「分権」だという誤った理解が散見されるからである。

■合併と「集積の経済」

また別の論文では「合併の効果として『集積の経済』を強調する研究があるが（略）、合併の対象となった自治体外から新たに人口流入を引き起こさない限り、人口増による集積の経済は発生しにくい」（同「自治体合併の評価」井堀利宏編著『公共部門の業績評価』東京大学出版会、二〇〇五年）とある。私の本では、結果からそのことを立証しているつもりだが、理論的にもそうだったらしい。

自治体職員にとって、市町村合併とは、一刻も早く忘れて、次のステージにいきたいと思うような話題だろう。あれほど合併を叫んでいた国政の政治家も地域のJCも合併後の惨状には無関心のようだ。

だが、大森彌さんは「いま研究者は問われていると思う。市町村合併でどういう態度をとったか、道州制に対してどういう議論をしているかを」といわれる（『地方自治職員研修』二〇〇八年一月号）。確かにそのとおりだと思う。自治に関係するものにとって、この胸に刺さった棘は、かなり気色悪い。しつこいようだが、合併を検証していきたい。

〔注〕この章全体の参考文献として、今井　照『「平成大合併」の政治学』公人社、二〇〇八年、今井　照編著『市民自治のこれまで・これから』公職研、二〇〇八年。

V　人材育成と任用

1　採用する側が面接されている

■市役所の内定を辞退

二〇〇七年三月に卒業したゼミ生七人は就職内定率百%だった。これで二年連続になる。数年前までは、卒業までに就職を決めるのが六割から七割程度だったことから思うと、能力と意欲はそんなに違わないのに、卒業年度が変わるだけで、そのときどきの経済状況に左右されてしまうのかと感慨深い。

七人のうち、三人が公務員となった。ただし、今年度、私にとってショックだったのは、市役所に内定が決まりながら、そこを辞退して国家Ⅱ種に回った学生がいたことである。理由を尋ねると、面接をしてくれた役所の職員に失望して、あんな人たちといっしょに働きたくないからだという。

採用選考の面接であるから、おそらくは課長級か部長級の管理職であろう。あるいは大規模合併した直後の市だったので、大掛かりな採用選考に習熟していなかったのかもしれない。いずれにしても、役所の中でも高く評価されているはずの人たちに失望したのであれば、確かに、役所の中でやっていけるわけがない。

■説明会で失望

別の大学で学ぶ三年生に聞いた話だが、ある役所の採用試験説明会に参加したことで、公務員志望を撤回した人がいるらしい。というのは、その催しの中に、採用後一〇年程度の若手職員が仕事内容や魅力を語るというパネルディスカッションがあった。しかし、学生からの伝聞では、誰一人として積極的な就職動機を語らず、偶然のような理由で就職したことを冗談っぽく語りながら、その一方で、現在の仕事には満足しているかのようでもあったという。

これまでいくつかの民間企業の同種の説明会に参加してきた学生にとっては、大きな違和感を覚えたようであった。

私としては、自分のこともふりかえりつつ、それはみんなが正直に話をした証拠ではないかと思ったが、登壇した個々の若手職員に対してというより、このような企画しか立てられない役所というところにがっかりしたらしい。

■「役所のジョウシキ」的職員像

一般的な印象でいうと、やはり公務員に採用されやすいタイプというのがある。文章力はそれなりに優秀で、指示されたレポートはそつがなくまとめる一方、ややおとなしめで、自分から何かを主張することが少ないような学生がそれだ。一方、この学生なら、少々のことにはへこたれずに、地域に飛び込んでいくだろうな、という学生は採用されにくい。

もちろん、短時間で人を見極めるのはむずかしい。集団討論や体力検査など、採用試験の技法も開発されてきているが、そもそも採用する立場の人たちにそのようなタイプが多いからこうなるのではないかと邪推したりする。もし自治体改革にとって有為な人材を逃しているとすればそれはもったいない。

■「成長」を促す政策型試験とは

採用試験の中身も旧態依然として疑問だ。公務員受験産業によれば、筆記試験は「全国型」「関東型」「中部・北陸型」「法律・経済専門タイプ」等があるらしい。おそらくほとんどの役所では筆記試験問題をどこからか購入しているだけなので、このような分類になるのだろう。

でもこんな出題でよいのだろうか。判断推理や数的処理などの「知能分野」問題は事務処理能力を試せるとしても、高校時代の社会と理科の復習のような「知識分野」問題は必要だろうか。事務の「専門試験」と称する法律や経済の細かい分野ごとの問題も不要ではないか。地方自治に関する問題がほとんどないのもおかしい。

基礎問題は「知能分野」と地方自治制度だけでよいのではないか。選択問題は、政策課題別に、環境、福祉、産業などの分野から小論文形式で問えばよいのではないか。小論文の採点は管理職と外部有識者がやるべきで、後日、採点した側の評価も問われるべきだ。そうすれば、受験対策も公務員受験講座だけではなく、もう少し本質的な部分が大切になるだろうし、採用試験そのものが人材育成となるはずである。

2　組織定数管理の戦略性とは

■メッセージとしての人事異動

年度末の三月は人事の季節でもある。おそらくどの組織でも同じだが、人事は構成員の最大の関心事といってもよい。自分がどこに動くのかということも重要だが、誰がどこに配置されるかということは、組織内の流れを読むために欠かせない。ある意味では、経営トップからの最大のメッセージでもある。

しかし、人事の季節の前に、役所の中では、それぞれの組織をどうするか、職員定数をどうするかというせめぎ合いがある。この実態は外部から（内部からでも）なかなか見えにくい。

二〇〇七年三月に日本都市センターから『都市自治体の戦略的な組織定数マネジメント』という報告書が出た。ここにはいくつかの自治体における組織定数管理の過程が記録されている。この調査の大部分は担当研究員の関本耕司さん（宇都宮市役所から出向）が足で稼いだ情報でできあがっているが、関本さんの話によれば、訪問したほとんどの自治体が「うちは特別のことをしていない」と謙遜するそうだ。確かに表面的な字面を追うとそのようにみえるかもしれない。だが、行間に潜むドラマが報告書の端々にあふれでている。

■職員による自主的調整

組織定数管理を机上で考えれば、業務分析をして、業務量に応じた職員定数を配分すればそれでよい。しかしそれで現実に組織が動くかというとそうはいかない。タテマエを堅持しつつ、一方で多くの人がしぶしぶでも納得する結果を導かなければならない。組織定数管理とは、いわば、分析的かつ職人的な領域である。

当然のことながら、年々職員定数は削減されている。役所全体として、仮に去年と同じ業務をこなしていても職員は減るのである。このことについて、同じ報告書の中で東大の中村圭介さんがおもしろい指摘をしている。

中村さんによれば、職員数に比して事務量が過大だと認識すれば、職員は提供するサービスの質、量をおとして、自主的に調整するという。その結果、その職場に関連するサービスを受けようとする市民は、不十分なサービスしか受けられなくなる。民間企業であれば、この結果、顧客離れが進んで改善につながるが、自治体ではそういうことが起こらず、結果的に職員の自主的な調整状態が続くらしい。

■組織定数管理は政策そのもの

それを防ぐためには、面倒でもひとつひとつの業務を精査して、不要なものは廃止した上で、外部化できるものは外部化し、業務の質と量を追求しつつ、職員数を削っていかなければならない。一律削減などという乱暴な方法は非常時以外にありえないし、職員一人あたりの人口を自治体間で比較してもあまり意味はない。

こう考えると、組織定数管理は決して人事課の仕事ではない。自治体の政策形成と密接に関連するから政策課の領域なのである。もちろん人事課には人事課の裁量が存在する。組織定数という枠組みに、具体的な人間をはめこみ、どうやって生きたものにするかということである。

最近、公務員制度改革に関する議論で、分限免職の活用という主張がされている。確かに、必要以上に、法解釈上の「身分保障」という幻想にとらわれていた側面がないとはいえない。しかし、公共サービス改革法の施行は廃職による分限免職という現実的可能性を示唆している（川田琢之「市場化テストと公務員制度」『自治体学研究』第93号（二〇〇六年九月））。職員が希望をもって仕事をするためには、組織定数管理の戦略性が求められる。

3　江口清三郎さんを悼む

■分権改革を実践した先駆者

三鷹市役所や山梨学院大学で仕事をされた江口清三郎さんが二〇〇七年五月末に亡くなられた。江口さんは、自治体職員自らが調査研究し、考え、書き、発言して、実践するという道を切り開いた先駆者である。その温厚な人柄ゆえに、あまり目立たないが、まちがいなく、自治・分権の時代を引き寄せた最大の功績者のひとりにちがいない。

もちろんそれまでの自治体職員も、それぞれの業務に精通し、改善を重ねてきたことはいうまでもない。しかし、江口さんが著作を発表され始める一九八〇年頃を境として、多くの自治体職員がより広い視野から発言を始めるようになる。組織の一員として、というよりは、仕事と向き合いつつ、それを相対化する市民のひとりとして、である。自治体職員が自治について発言したり、その出身者が研究者として活動するのはあたりまえになっているが、その先駆者こそ江口さんである。

■「市民への委託」は誤り

私が江口さんの主張に強く影響されていることがふたつある。第一は、江口さんの代表的な論文である「直営・委託論争の新展開」から学んだ（江口清三郎『職場からの自治体改革』（公職研、一九九四年）、所収。初出は、松下圭一編『自治体の先端行政』（学陽書房、一九八六年））。

当時、自治体行政の「合理化」の一環として、民間委託手法が提起されていた。委託推進派からの「安い」という主張と委託反対派からの「安全性」という主張はまさに正面衝突するかのようにみえた。しかし江口さんは、この論争は同一の立場に立った労使による市民不在の水かけ論にすぎないことを看破し、その背景に「行政万能、行政全能の考え方が横たわっている」と鋭く指摘した。

複雑化する社会経済環境に対し、自治体行政が直営では対応できないという現実と向き合うことから始めなくてはならず、それは「行政の質的転換」を迫るものという。なぜなら、行政は「住民みずからが直営により執行することができない場合の処理形態の一つ」にすぎず、「市民に委託するというかんがえは誤り」だからなのである。

■強烈なＯＪＴ批判

第二に、職場内研修（ＯＪＴ）に対する強烈な批判にもインパクトを受けた。ＯＪＴ理論の基本は「有能な上司」が「有能ではない部下」を「教育・指導する」ということを前提としており、それは「部下の管理」の一環であり、「仕事と一体」をなすにすぎないという。しかしそもそも研修とは「職員一人ひとりの主体的な活動」なのである。

私は江口さんの指摘から、ＯＪＴとは職場や仕事の現状を「変えない」ことが前提になっていることを学んだ。確かに、官製談合や裏金作りはＯＪＴによって連綿と職場に引き継がれてきたのである。仕事は職場でしか覚えられない。しかしその仕事が社会的公正にかなっているかどうかを判断できるのは、自分の心の中に「外部の視点（市民の視点）」が備わっているかどうかにかかっている。いまだに人材育成の柱をＯＪＴとするような研修計画に出会う。しかしＯＪＴは真似て覚えるだけであり、仕事や職場を変えることも組織を活性化させる人材の育成もできない。

このように考えてみると、江口さんの指摘はいまもなお重要なことばかりである。逆にいうと、後を引き継ぐ私たちの力不足に忸怩たる気分となる。

4　人事評価は主観的である

■職階制の廃止

参議院選挙の投票予定日を遅らせてまで成立が強行された国家公務員法の改正は、一般には天下り規制として受け止められている。しかしもう一つの柱は「人事評価制度の導入等により能力及び実績に基づく人事管理の徹底を図る」という能力・実績主義の導入である。ちなみに、地方公務員法も、同じ主旨の改正案が提出されており、衆議院で審査中という扱いになっている。

今回の能力・実績主義の導入と同時に職階法が廃止されている。地方公務員法の改正案でいうと第三節の「職階制」が「人事評価」に改められ、全面的に書きかえられている。

職階制は「科学的人事行政」に基づく合理的な人事管理と考えられてきた。簡潔にいえば、まず職が分析・分類され、その職に基づいた職務給があり、そこに人をはめるという方法である。ただし、この五〇年余り、法律があるにもかかわらず実施されてこなかった。職階制の廃止は、「職」を基準とした人事管理から、日本の現実に親和的な「人」に着目した人事管理へ法理念上も整理するということであろう。

しかし、実は何も問題が解決していないことに気づく。地方公務員法も成績主義を標榜し、「勤務成績の評定」が義務付けられていた。今回の改正案では、勤務評定の条文が削除され、別に「人事評価」の条文が追加される。だが勤務評定から人事評価にことばを置き換えただけでは何も変わらないだろう。

たとえば能力・実績主義と一括するが、能力主義は将来の可能性に着目し、成績主義は目標に対する結果に注目する。したがって能力主義は昇任や異動に、成績主義は勤勉手当に反映されるべきであろう。実際にはこのような区別もあいまいだ。

■科学性合理性の限界

人事評価が必要なことはいうまでもない。事実、これまでも一定の評価はされてきた。給与上はそれほど違わなくても、どこのポストにつけるかということは何らかの評価なしには不可能である。ただしそれが情実人事、仲良し人事のようにみえたとしたら、それは自治体行政の質の低下につながり、結果的には市民が損をする。適切な人材や能力が活用されていないかもしれないからだ。

そもそも職階制の廃止や勤務評定の空洞化は、科学的合理的な人事管理というものの限界を示していたのではないか。もちろん、昇任選考や目標達成度など一定の客観的指標と評価の透明性は必要不可欠ではあるが、その上に立って、人事評価は主体による主観的な判断を不可避とすることを忘れてはならない。これは同時に評価する側も評価されるということだ。無責任な客観を装うから、職員の問題行動が放置され、年功序列の勤務評定が行われてきたのではないか。このまま能力・実績主義の「精緻化」が進むと、ますます役所の閉塞感を高めないか、老婆心ながら心配である。

5　職員の非行から学ぶこと

■「職員の責務」とは

ある町で次のようなことを聞いた。その町では市民参加で自治基本条例を策定中なのだが、「職員の責務」として、常に自己啓発を怠らないように、という趣旨の文言を入れることになった。ところが、条例文を審査する法規担当が、職員の自己啓発は勤務時間外のことなので条例にはふさわしくないと意見をつけ、条例案から削除されたらしい。

そもそも「職員の責務」を条例に盛り込むことが適切かどうかについては異論もあるだろうが、多くの自治基本条例には書き込まれている。ただし、その内容は誠実に職務を執行し、研鑽に努めるという程度のものが多い。ここでの論点は、職員がいつどのようにして自らを育てるのかということである。

地方公務員法第三九条には、任命権者が職員の研修を実施するという趣旨のことが書かれている。自治体職員になりたての頃、新任研修や組合の説明会などで、そもそも研修とは職員の権利であり、任命権者に要求して、実施させるものだと教え込まれた。確かに一理あるが、それで職員が自ら育つだろうか。

確かに、本来、精神の自由に属する自己啓発まで条例に書き込まれる必要はないという理屈もわからないではない。だが、その一方で、多くの基本条例には過剰ともいえるほど「市民の責務」が書き込まれている。この場合の市民の活動は、当然、勤務時間とは関係ない。市民に放課後の活動を要請するのであれば、当然、職員側にもそれなりの覚悟が必要になるはずだ。

■職員の「倫理研修」

ある自治体から職員の「倫理研修」の講師を依頼された。職員の非行が発覚し、その再発防止策の一環だという。「いろいろ手立てを尽くしたが、倫理研修に適当な講師が見つからなくて」とのことだった。それはそうだろうと思う。私にも他人に倫理を説くほどの自信はない。

総務省の調べでは、二〇〇六年度中の自治体関係の汚職事件は、件数、当事者数、市町村等数ともに、過去一〇年間で最多になっている。この間、職員数は一割減り、市町村数にいたっては半減近くになっているわけだから、かなり高率化したといえる。

事件が増加している要因は想像するしかないが、人口減少・高齢者増という政策環境や、職員削減・合併という組織環境など、将来に希望を持ちにくい閉塞状況にあることが、職員のモチベーションを低下させているのかもしれない。いずれにしても、不祥事が皆無になることはない。なるべく起こりにくくするための環境づくりと、起こってしまったときの対応が課題なのである。一連の偽装事件で世論が厳しいのは、不祥事を起こしたことよりも、不祥事に対する対応の拙さにある。

■本気の対応

不祥事が起きたら職員研修、という対策も、そろそろ許されないのではないか。一回の研修で「全体の奉仕者としての自覚」が芽生えるとは思えない。個々の職員が自分のミッション（使命）を自覚できるようなしくみを継続的に作らないと、役所の閉塞状況は打破できない。

倫理研修も、全職員受講は当然だが、勤務時間中、数回に分けて実施したのでは市民から疑問符を投げかけられるだろう。勤務時間外に、全職員が一堂に会して議論すべきだ。そこには当然首長も参加しなければならない。もし首長がその場にいなかったら、職員も市民も役所が本気だとは思わないにちがいない。

議会も「申入書」を首長に提出するだけではなく、職員倫理条例を立案するくらいの意気込みがあってもよい。議会がリードして、職員参加、市民参加で練り上げるべきテーマにふさわしいはずだ。市民ぐるみで、これからの役所をどう再構築していったらよいかという議論をするチャンスだと考えたい。

〔著者略歴〕

今井　照（いまい・あきら）

一九五三年生まれ。東京大学文学部社会学専修課程卒業。一九七七年より、東京都教育委員会事務局（学校事務）、大田区役所（企画部、産業経済部、地域振興部等）を経て、一九九九年より、福島大学行政政策学類教授。

主な近著に、

『「平成大合併」の政治学』公人社（二〇〇八年）

『市民自治のこれまで・これから』（編著）公職研（二〇〇八年）

『図解よくわかる地方自治のしくみ（第三次改訂）』学陽書房（二〇〇七年）

『自治体のアウトソーシング』学陽書房（二〇〇六年）

『自治体再構築における行政組織と職員の将来像』公人の友社（二〇〇五年）、など。

主な共著に、

『自治体選挙の三〇年』公人社（二〇〇七年）

『自治体職員制度の設計』公人社（二〇〇七年）、など。

福島大学ブックレット『21世紀の市民講座』刊行によせて

福島大学行政政策学類の前身である行政社会学部は、教育学部と経済学部に続く第3の学部として、1987年10月に創設され、2007年10月にようやく二十歳を迎えました。学問分野の既存の枠を越えて、地域社会の諸問題を解き明かそうと、人文社会科学系から理工系まで、専門分野が多岐にわたる教員スタッフが結集し、以来20年、地域社会に学び、地域に開かれた学部を目ざして、教育・研究を積み重ねてきました。1993年の地域政策科学研究科（修士課程）開設、2004年4月の国立大学法人化を経て、同年10月には理工系学部をつくるための改革により、行政社会学部は行政政策学類として再出発することになりましたが、行政社会学部の教育理念を引き継ぎ、地域とともにある学類として歩んでいく決意を新たにしているところです。

21世紀に入って、戦争・紛争の解決はもとより、地球環境問題、格差・貧困問題、差別・人権問題を始めとする地球規模の問題群が深刻化するばかりでなく、地域に目を向けても、グローバリゼーションの影響下、過疎・山村はもちろんのこと、多くの地方都市が疲弊し追いつめられつつあります。大学も同様で、国際競争力に勝ち抜く人材育成と研究開発に特化する高等教育政策の本格化によって、生き残りをかけた競争を強いられています。

しかし、ユネスコ「21世紀にむけた高等教育に関する世界宣言」（1998）に、高等教育の改革は学生を主要なパートナーおよび責任ある当事者とみなし、「地域社会と労働界を基礎に発展」させなければならないと謳われているように、日本の大学も、世界を見通しながら地域社会を拓く「知の再構成」を担う主体となることが求められているのではないでしょうか。

福島大学ブックレット『21世紀の市民講座』は、学部創設20周年を記念して刊行いたします。行政社会学部・行政政策学類の教員が、創設以来学生とともに培ってきた教育実践や、市民公開講座・講演会および地域活動実践の記録、調査研究の成果等を素材とするこのシリーズは、地域社会に学び、地域に開かれた、地域とともにある学類・研究科として、地域に発信するとともに、新たな協働的な知の創造の契機となることを願って企画しました。

中学・高校生から大学生・大学院生・研究者はもちろんのこと、本学部・学類の卒業生たちのように自治体職員、協同組合、公益法人など公共性のある仕事についている方々を含む、地域社会を構成する市民の皆さんに、広く活用していただくことを期待しています。

2008年9月30日

福島大学行政政策学類長　千葉　悦子

福島大学ブックレット「21世紀の市民講座」No.2
自治体政策研究ノート

2008年9月30日　初版発行　　　　定価（本体９００円＋税）

著　者　今井　　照
編　集　福島大学行政社会学部（現・行政政策学類）
　　　　創設20周年記念ブックレット編集委員会
発行人　武内　英晴
発行所　公人の友社
　　　　〒112-0002 東京都文京区小石川５－２６－８
　　　　ＴＥＬ ０３－３８１１－５７０１
　　　　ＦＡＸ ０３－３８１１－５７９５
　　　　Ｅメール koujin@alpha.ocn.ne.jp
　　　　http://www.e-asu.com/koujin/

「官治・集権」から

「自治・分権」へ

市民・自治体職員・研究者のための

自治・分権テキスト

《出版図書目録》
2008.10

公人の友社

112-0002　東京都文京区小石川５－26－８
TEL　03-3811-5701
FAX　03-3811-5795
メールアドレス　koujin@alpha.ocn.ne.jp

●ご注文はお近くの書店へ

小社の本は店頭にない場合でも、注文すると取り寄せてくれます。

書店さんに「公人の友社の『○○○○』をとりよせてください」とお申し込み下さい。５日おそくとも10日以内にお手元に届きます。

●直接ご注文の場合は

電話・ＦＡＸ・メールでお申し込み下さい。(送料は実費)

TEL　03-3811-5701　FAX　03-3811-5795
メールアドレス　koujin@alpha.ocn.ne.jp

(価格は、本体表示、消費税別)

福島大学ブックレット『21世紀の市民講座』

No.1
外国人労働者と地域社会の未来
桑原靖夫・香川孝三（著）
坂本恵（編著）　900円

No.2
自治体政策研究ノート
今井　照　900円

No.3
住民による「まちづくり」の作法
今西一男　1,000円

北海道自治研ブックレット

No.1
市民・自治体・政治
再論・人間型としての市民
松下圭一　1,200円

No.2
議会基本条例の展開
その後の栗山町議会を検証する
橋場利勝・中尾修・神原勝
1,200円

TAJIMI CITYブックレット

No.2
転型期の自治体計画づくり
松下圭一　1,000円

No.3
これからの行政活動と財政
西尾勝　1,000円

No.4
構造改革時代の手続的公正と第2次分権改革
手続的公正の心理学から
鈴木庸夫　1,000円

No.5
自治基本条例はなぜ必要か
辻山幸宣　1,000円［品切れ］

No.6
自治のかたち法務のすがた
政策法務の構造と考え方
天野巡一　1,100円

No.7
自治体再構築における行政組織と職員の将来像
今井照　1,100円

No.8
持続可能な地域社会のデザイン
植田和弘　1,000円

No.9
政策財務の考え方
加藤良重　1,000円

No.10
市場化テストをいかに導入するべきか　～市民と行政
竹下譲　1,000円

No.11
市場と向き合う自治体
小西砂千夫・稲沢克祐　1,000円

地域ガバナンスシステム・シリーズ
（龍谷大学地域人材・公共政策開発システム　オープン・リサーチ・センター企画・編集）

No.1
地域人材を育てる自治体研修改革
土山希美枝　900円

No.2
公共政策教育と認証評価システム—日米の現状と課題—
坂本勝　編著　1,100円

No.3
暮らしに根ざした心地良いまち
野呂昭彦・逢坂誠二・関原剛・吉本哲郎・白石克孝・堀尾正靱
1,100円

No.4
持続可能な都市自治体づくりのためのガイドブック
「オルボー憲章」「オルボー誓約」翻訳所収
白石克彦・イクレイ日本事務所編
1,100円

No.5
英国における地域戦略パートナーシップの挑戦
白石克彦編・的場信敬監訳　900円

No.6
マーケットと地域をつなぐパートナーシップ
協会という連帯のしくみ
白石克彦編・園田正彦著　1,000円

No.7
政府・地方自治体と市民社会の戦略的連携
—英国コンパクトにみる先駆性—
的場信敬編著　1,000円

No.8
多治見モデル
財政縮小時代の人材戦略
大矢野修編著　1,400円

No.10
行政学修士教育と人材育成
—米中の現状と課題—
坂本勝著　1,100円

No.11
アメリカ公共政策大学院の認証評価システムと評価基準
—NASPAAのアクレディテーションの検証を通して—
早田幸政　1,200円

地方自治土曜講座ブックレット

No.2
自治体の政策研究
森啓　600円

No.22
地方分権推進委員会勧告とこれからの地方自治
西尾勝　500円

No.34
政策立案過程への「戦略計画」
少子高齢社会と自治体の福祉法務
加藤良重　400円

No.42
改革の主体は現場にあり
山田孝夫　900円

No.43
自治と分権の政治学
鳴海正泰　1,100円

No.44
公共政策と住民参加
宮本憲一　1,100円

No.45
農業を基軸としたまちづくり
小林康雄　800円

No.46
これからの北海道農業とまちづくり
篠田久雄　800円

No.47
自治の中に自治を求めて
佐藤守　1,000円

No.48
介護保険は何を変えるのか
池田省三　1,100円

No.49
介護保険と広域連合
大西幸雄　1,000円

No.50
自治体職員の政策水準
森啓　1,100円

No.51
分権型社会と条例づくり
篠原一　1,000円

No.52
自治体における政策評価の課題
佐藤克廣　1,000円

No.53
小さな町の議員と自治体
室崎正之　900円

No.54
改正地方自治法とアカウンタビリティ
鈴木庸夫　1,200円

No.56
財政運営と公会計制度
宮脇淳　1,100円

No.59
環境自治体とＩＳＯ
畠山武道　700円

No.60
転型期自治体の発想と手法
松下圭一　900円

No.61
分権の可能性
スコットランドと北海道
山口二郎　600円

No.62
機能重視型政策の分析過程と財務情報
宮脇淳　800円

No.63
自治体の広域連携
佐藤克廣　900円

No.64
分権時代における地域経営
見野全　700円

No.65
町村合併は住民自治の区域の変更である。
森啓　800円

No.66
自治体学のすすめ
田村明　900円

No.67
市民・行政・議会のパートナーシップを目指して
松山哲男　700円

No.69
新地方自治法と自治体の自立
井川博　900円

No.70
分権型社会の地方財政
神野直彦　1,000円

No.71
自然と共生した町づくり
宮崎県・綾町
森山喜代香　700円

No.72
情報共有と自治体改革
ニセコ町からの報告
片山健也　1,000円

No.73
地域民主主義の活性化と自治体改革
山口二郎　600円

No.74
分権は市民への権限委譲
上原公子　1,000円

No.75
今、なぜ合併か
瀬戸亀男　800円

No.76
市町村合併をめぐる状況分析
小西砂千夫　800円

No.78
ポスト公共事業社会と自治体政策
五十嵐敬喜　800円

No.80
自治体人事政策の改革
森啓　800円

No.82
地域通貨と地域自治
西部忠　900円

No.83
北海道経済の戦略と戦術
宮脇淳　800円

No.84
地域おこしを考える視点
矢作弘　700円

No.87
北海道行政基本条例論
神原勝　1,100円

No.90
「協働」の思想と体制
森啓　800円

No.91
協働のまちづくり
三鷹市の様々な取組みから
秋元政三　700円

No.92
シビル・ミニマム再考
ベンチマークとマニフェスト
松下圭一　900円

No.93
市町村合併の財政論
高木健二　800円

No.95
市町村行政改革の方向性
～ガバナンスとNPMのあいだ
佐藤克廣　800円

No.96
創造都市と日本社会の再生
佐々木雅幸　800円

No.97
地方政治の活性化と地域政策
山口二郎　800円

No.98
多治見市の政策策定と政策実行
西寺雅也　800円

No.99
自治体の政策形成力
森啓　700円

No.100
自治体再構築の市民戦略
松下圭一　900円

No.101
維持可能な社会と自治
～『公害』から『地球環境』へ
宮本憲一　900円

No.102
道州制の論点と北海道
佐藤克廣　1,000円

No.103
自治体基本条例の理論と方法
神原勝　1,100円

No.104
働き方で地域を変える
～フィンランド福祉国家の取り組み
山田眞知子　800円

No.107
公共をめぐる攻防
～市民的公共性を考える
樽見弘紀　600円

No.108
三位一体改革と自治体財政
岡本全勝・山本邦彦・北良治・逢坂誠二・川村喜芳　1,000円

No.109
連合自治の可能性を求めて
サマーセミナー in 奈井江
松岡市郎・堀則文・三本英司・佐藤克廣・砂川敏文・北良治　他
1,000円

No.110
「市町村合併」の次は「道州制」か
高橋彦芳・北良治・脇紀美夫・碓井直樹・森啓　1,000円

No.111
コミュニティビジネスと建設帰農
松本懿・佐藤吉彦・橋場利夫・山北博明・飯野政一・神原勝
1,000円

No.112
「小さな政府」論とはなにか
牧野富夫　700円

No.113
栗山町発・議会基本条例
橋場利勝・神原勝　1,200円

No.114
北海道の先進事例に学ぶ
宮谷内留雄・安斎保・見野全・佐藤克廣・神原勝　1,000円

No.115
地方分権改革のみちすじ
―自由度の拡大と所掌事務の拡大―
西尾勝　1,200円

地方自治ジャーナルブックレット

No.3
使い捨ての熱帯林
熱帯雨林保護法律家リーグ　971円

No.4
自治体職員世直し志士論
村瀬誠　971円

No.8
市民的公共性と自治
今井照　1,166円［品切れ］

No.9
ボランティアを始める前に
佐野章二　777円

No.10
自治体職員の能力
自治体職員能力研究会　971円

No.11
パブリックアートは幸せか
山岡義典　1,166円

No.12
市民がになう自治体公務
パートタイム公務員論研究会
1,359円

No.13
行政改革を考える
山梨学院大学行政研究センター
1,166円

No.14
上流文化圏からの挑戦
山梨学院大学行政研究センター
1,166円

No.15
市民自治と直接民主制
高寄昇三　951円
No.16
議会と議員立法
上田章・五十嵐敬喜　1,600円
No.17
分権段階の自治体と政策法務
松下圭一他　1,456円
No.18
地方分権と補助金改革
高寄昇三　1,200円
No.19
分権化時代の広域行政
山梨学院大学行政研究センター
1,200円
No.20
あなたのまちの学級編成と地方分権
田嶋義介　1,200円
No.21
自治体も倒産する
加藤良重　1,000円
No.22
ボランティア活動の進展と自治体の役割
山梨学院大学行政研究センター
1,200円
No.23
新版・2時間で学べる「介護保険」
加藤良重　800円

No.24
男女平等社会の実現と自治体の役割
山梨学院大学行政研究センター
1,200円
No.25
市民がつくる東京の環境・公害条例
市民案をつくる会　1,000円
No.26
東京都の「外形標準課税」はなぜ正当なのか
青木宗明・神田誠司　1,000円
No.27
少子高齢化社会における福祉のあり方
山梨学院大学行政研究センター
1,200円
No.28
財政再建団体
橋本行史　1,000円［品切れ］
No.29
交付税の解体と再編成
高寄昇三　1,000円
No.30
町村議会の活性化
山梨学院大学行政研究センター
1,200円
No.31
地方分権と法定外税
外川伸一　800円

No.32
東京都銀行税判決と課税自主権
高寄昇三　1,000円
No.33
都市型社会と防衛論争
松下圭一　900円
No.34
中心市街地の活性化に向けて
山梨学院大学行政研究センター
1,200円
No.35
自治体企業会計導入の戦略
高寄昇三　1,100円
No.36
行政基本条例の理論と実際
神原勝・佐藤克廣・辻道雅宣
1,100円
No.37
市民文化と自治体文化戦略
松下圭一　800円
No.38
まちづくりの新たな潮流
山梨学院大学行政研究センター
1,200円
No.39
ディスカッション・三重の改革
中村征之・大森彌　1,200円
No.40
政務調査費
宮沢昭夫　1,200円
No.41
市民自治の制度開発の課題
山梨学院大学行政研究センター
1,100円

No.42
《改訂版》自治体破たん・「夕張ショック」の本質
橋本行史　1,200円
No.43
分権改革と政治改革
～自分史として
西尾勝　1,200円
No.44
自治体人材育成の着眼点
浦野秀一・井澤壽美子・野田邦弘・西村浩・三関浩司・杉谷知也・坂口正治・田中富雄　1,200円
No.45
障害年金と人権
―代替的紛争解決制度と大学・専門集団の役割―
橋本宏子・森田明・湯浅和恵・池原毅和・青木久馬・澤静子・佐々木久美子　1,400円
No.46
地方財政健全化法で財政破綻は阻止できるか
夕張・篠山市の財政運営責任を追及する
高寄昇三　1,200円
No.47
地方政府と政策法務
市民・自治体職員のための基本テキスト
加藤良重　1,200円

No.48
政策財務と地方政府
市民・自治体職員のための基本テキスト
加藤良重　1,400円

朝日カルチャーセンター 地方自治講座ブックレット

No.1
自治体経営と政策評価
山本清　1,000円

No.2
ガバメント・ガバナンスと行政評価システム
星野芳昭　1,000円

No.4
政策法務は地方自治の柱づくり
辻山幸宣　1,000円

No.5
政策法務がゆく
北村喜宣　1,000円

政策・法務基礎シリーズ
—東京都市町村職員研修所編

No.1
これだけは知っておきたい
自治立法の基礎
600円

No.2
これだけは知っておきたい
政策法務の基礎
800円

都市政策フォーラムブックレット
（首都大学東京・都市教養学部
都市政策コース　企画）

No.1
「新しい公共」と新たな支え合いの創造へ —多摩市の挑戦—
首都大学東京・都市政策コース
900円

No.2
景観形成とまちづくり
—「国立市」を事例として—
首都大学東京・都市政策コース
1,000円

シリーズ「生存科学」
（東京農工大学生存科学研究拠点
企画・編集）

No.2
再生可能エネルギーで地域がかがやく
—地産地消型エネルギー技術—
秋澤淳・長坂研・堀尾正靱・小林久
1,100円

No.4
地域の生存と社会的企業
—イギリスと日本との比較をとおして—
柏雅之・白石克孝・重藤さわ子
1,200円

No.5
地域の生存と農業知財
澁澤栄・福井隆・正林真之
1,000円

No.6
風の人・土の人
—地域の生存とNPO—
千賀裕太郎・白石克孝・柏雅之・福井隆・飯島博・曽根原久司・関原剛
1,400円

自治体再構築

松下圭一（法政大学名誉教授）　定価 2,800 円

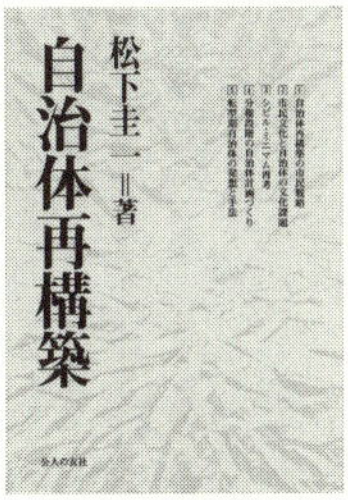

●官治・集権から自治・分権への転型期にたつ日本は、政治・経済・文化そして軍事の分権化・国際化という今日の普遍課題を解決しないかぎり、閉鎖性をもった中進国状況のまま、財政破綻、さらに「高齢化」「人口減」とあいまって、自治・分権を成熟させる開放型の先進国状況に飛躍できず、衰退していくであろう。
●この転型期における「自治体改革」としての〈自治体再構築〉をめぐる 2000 年～ 2004 年までの講演ブックレットの 総集版。

1　自治体再構築の市民戦略
2　市民文化と自治体の文化戦略
3　シビル・ミニマム再考
4　分権段階の自治体計画づくり
5　転型期自治体の発想と手法

社会教育の終焉［新版］

松下圭一（法政大学名誉教授）　定価 2,625 円

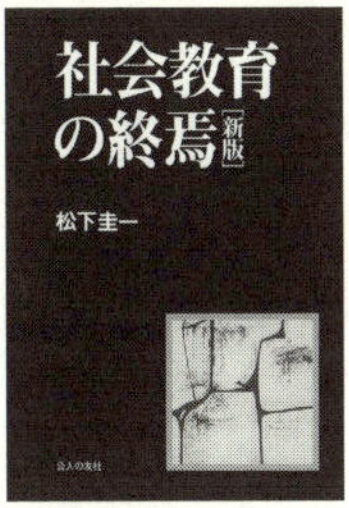

●86年の出版時に社会教育関係者に厳しい衝撃を与えた幻の名著の復刻・新版。
●日本の市民には、〈市民自治〉を起点に分権化・国際化をめぐり、政治・行政、経済・財政ついで文化・理論を官治・集権型から自治・分権型への再構築をなしえるか、が今日あらためて問われている。

序章　日本型教育発想
Ⅰ　公民館をどう考えるか
Ⅱ　社会教育行政の位置
Ⅲ　社会教育行政の問題性
Ⅳ　自由な市民文化活動
終章　市民文化の形成　　あとがき　　新版付記

自治・議会基本条例論　自治体運営の先端を拓く

神原　勝（北海学園大学教授・北海道大学名誉教授）　定価 2,625 円

生ける基本条例で「自律自治体」を創る。その理論と方法を詳細に説き明かす。7 年の試行を経て、いま自治体基本条例は第 2 ステージに進化。めざす理想型、総合自治基本条例＝基本条例＋関連条例

プロローグ
Ⅰ　自治の経験と基本条例の展望
Ⅱ　自治基本条例の理論と方法
Ⅲ　議会基本条例の意義と展望
エピローグ
条例集
　1　ニセコ町まちづくり基本条例
　2　多治見市市政基本条例
　3　栗山町議会基本条例

自律自治体の形成　すべては財政危機との闘いからはじまった

西寺雅也（前・岐阜県多治見市長）　四六判・282頁　定価2,730円

ISBN978-4-87555-530-8 C3030

多治見市が作り上げたシステムは、おそらく完結性という点からいえば他に類のないシステムである、と自負している。そのシステムの全貌をこの本から読み取っていただければ、幸いである。

（「あとがき」より）

Ⅰ　すべては財政危機との闘いからはじまった
Ⅱ　市政改革の土台としての情報公開・市民参加・政策開発
Ⅲ　総合計画（政策）主導による行政経営
Ⅳ　行政改革から「行政の改革」へ
Ⅴ　人事制度改革
６　市政基本条例
終章　自立・自律した地方政府をめざして
資料・多治見市市政基本条例

フィンランドを世界一に導いた100の社会政策

フィンランドのソーシャル・イノベーション

イルッカ・タイパレ - 編著　山田眞知子 - 訳者

A5判・306頁　定価2,940円　ISBN978-4-87555-531-5 C3030

フィンランドの強い競争力と高い生活水準は、個人の努力と自己開発を動機づけ、同時に公的な支援も提供する、北欧型福祉社会に基づいています。民主主義、人権に対する敬意、憲法国家の原則と優れた政治が社会の堅固な基盤です。

····この本の100余りの論文は、多様でかつ興味深いソーシャルイノベーションを紹介しています。··フィンランド社会とそのあり方を照らし出しているので、私は、読者の方がこの本から、どこにおいても応用できるようなアイディアを見つけられると信じます。

（刊行によせて - フィンランド共和国大統領　タルヤ・ハロネン）

公共経営入門 —公共領域のマネジメントとガバナンス

トニー・ボベール／エルク・ラフラー - 編著　みえガバナンス研究会 - 翻訳

A5判・250頁　定価2,625円　ISBN978-4-87555-533-9 C3030

本書は、大きく３部で構成されている。まず第１部では、ＮＰＭといわれる第一世代の行革から、多様な主体のネットワークによるガバナンスまで、行政改革の国際的な潮流について概観している。第２部では、行政分野のマネジメントについて考察している。………本書では、行政と企業との違いを踏まえた上で、民間企業で発展した戦略経営やマーケティングをどう行政経営に応用したらよいのかを述べている。第３部では、最近盛んになった公共領域についてのガバナンス論についてくわしく解説した上で、ガバナンスを重視する立場からは地域社会や市民とどう関わっていったらよいのかなどについて述べている。　　（「訳者まえがき」より）